JN042009

高校入試

国語を
ひとつひとつわかりやすく。

Gakken

高校入試に向けて挑戦するみなさんへ

高校入試がはじめての入試だという人も多いでしょう。入試に向けての勉強は不安やプレッシャーがあるかもしれませんが、ひとつひとつ学習を進めていけば、きっと大丈夫。その努力は必ず実を結びます。

国語は勉強方法がよくわからないという人もいるかもしれません。この本では、高校入試によく出る内容を「漢字・語句」、「文法」、「読解」、「古典」、「作文」と分野別にわかりやすく解説しています。ひとつひとつの分野に取り組むことで、確実に点数アップが狙えます。

また、この本には、実際に過去に出題された入試問題を多数掲載しています。入試過去問を解くことで、理解を深めるだけでなく、自分の実力を確認し、弱点を補強することができます。

みなさんがこの本で国語の知識や考え方を身につけ、希望の高校に合格できることを心から応援しています。一緒にがんばりましょう！

この本の使い方

1回15分、読む→解く→わかる！

１回分の学習は２ページです。毎日少しずつ学習を進めましょう。

入試過去問で理解度を確認
右ページが解説です。
解答・解説
入試対策
ミス注意
まちがえやすい部分や入試に向けたコツを解説。

答え合わせも簡単・わかりやすい！

解答は本体に軽くのりづけしてあるので、引っぱって取り外してください。
問題とセットで答えが印刷してあるので、簡単に答え合わせできます。

実戦テスト・模擬試験で、本番対策もバッチリ！

各分野のあとには、入試過去問からよく出るものを厳選した「実戦テスト」が、
５章のあとには、２回分の「模擬試験」があります。

ニガテなところは、くり返し取り組もう

1回分が終わったら、理解度を記録しよう！

1回分の学習が終わったら、学習日と理解度を記録しましょう。

「もう一度」のページは「バッチリ！」と思えるまで、くり返し取り組みましょう。ひとつひとつニガテをなくしていくことが、合格への近道です。

学習した日
もう一度
バッチリ！
学習が終わったら
どちらかにチェック！

スマホで4択問題ができるWebアプリつき

国語の知識がゲーム感覚で覚えられる！

無料のWebアプリで4択問題を解いて、学習内容を確認できます。

スマートフォンなどでLINEアプリを開き、「学研 小中Study」を友だち追加していただくことで、クイズ形式で復習できるWebアプリをご利用いただけます。

高校入試 国語をひとつひと…
【中１レベル】から出題中
中止
次のうち、部首が「うかんむり」の漢字はどれ？
雲
家
空
算
スキマ時間に
手軽に学習！

↓LINE友だち追加はこちらから↓

※クイズのご利用は無料ですが、通信料はお客様のご負担になります。
※サービスの提供は予告なく終了することがあります。

高校入試問題の掲載について

・問題の出題意図を損なわない範囲で、問題や写真の一部を変更・省略、また、解答形式を変更したところがあります。
・問題指示文、表記、記号などは、全体の統一のために変更したところがあります。
・解答・解説は、各都道府県発表の解答例をもとに、編集部が作成したものです。

もくじ

高校入試　国語

4章 古典

5章 作文

わかる君を探してみよう！

この本にはちょっと変わったわかる君が全部で5つかくれています。学習を進めながら探してみてくださいね。

色や大きさは、右の絵とちがうことがあるよ！

合格につながるコラム①

高校入試を知っておこう

高校ってどんな種類に分かれるの？

公立・私立・国立のちがい

合格につながる高校入試対策の第一歩は、行きたい高校を決めることです。志望校が決まると、受験勉強のモチベーションアップになります。まずは、高校のちがいを知っておきましょう。高校は公立・私立・国立の３種類に分かれます。どれが優れているということはありません。自分に合う高校を選びましょう。

公立高校
・都道府県・市・町などが運営する高校
・学費が私立高校と比べてかなり安い
・公立高校がその地域で一番の進学校ということもある

私立高校
・学校法人という民間が経営している。独自性が魅力の一つ
・私立のみを受験する人も多い

国立高校
・国立大学の附属校。個性的な教育を実践し、自主性を尊重する学校が多い

入試の用語と形式を知ろう！

単願・併願って？

単願（専願）と併願とは、主に私立高校で使われている制度です。単願とは「合格したら必ず入学する」という約束をして願書を出すこと。併願とは「合格しても、断ることができる」というものです。

単願のほうが受かりやすい形式・基準になっているので、絶対に行きたい学校が決まっている人は単願で受けるといいでしょう。

推薦入試は、一般入試よりも先に実施されますが、各高校が決める推薦基準をクリアしていないと受けられないという特徴があります。

小論文や面接も
「ひとつひとつ」で対策！

左：『高校入試　作文・小論文をひとつひとつわかりやすく。』
右：『高校入試　面接対策をひとつひとつわかりやすく。』
（どちらもGakken）

入試の形式を確認しよう！

形式の違いを把握して正しく対策！

公立の入試形式は各都道府県や各高校で異なります。私立は学校ごとに試験の形式や難易度、推薦の制度などが大きく違います。同じ高校でも、普通科・理数科など、コースで試験日が分かれていたり、前期・後期など何回かの試験日を設定したりしていて、複数回受験できることもあります。

必ず自分の受ける高校の入試形式や制度を確認しましょう。

ひとくちに入試と言ってもいろいろあるんだね

公 立

推薦入試
- 内申点＋面接、小論文、グループ討論など
- 高倍率で受かりにくい

一般入試
- 内申点＋学力試験（面接もあり）
- 試験は英・数・国・理・社の５教科
- 同じ都道府県内では同じ試験問題のことが多い
- 難易度は標準レベルなのでミスをしないことが大切

私 立

推薦入試
- 制度は各高校による
- 単願推薦はより受かりやすい

一般入試
- 制度は各高校による
（内申点を評価するところもある）
- 試験は英・数・国の３教科のところが多い
- 各高校独自の問題で、難易度もさまざま
（出題範囲が教科書をこえるところもある）

公立の高校入試には内申点も必要

公立高校の入試では、内申点＋試験当日の点数で合否が決まります。「内申点と学力試験の点数を同等に扱う」という地域や高校も多いので、内申点はとても重要です。

都道府県によって、内申点の評価学年の範囲、内申点と学力試験の点数の配分は異なります。

中１～３年の内申点を同じ基準で評価する地域、中３のときの内申点を高く評価する地域、実技教科の内申点を高く評価する地域などさまざまなので、必ず自分の住む地域の入試形式をチェックしましょう。

普段の勉強もがんばらなくちゃ

入試に向けたスケジュール

入試では3年分が出題範囲

中３からは、ふだんの授業の予習・復習や定期テスト対策に加えて、中１・２の総復習や、３年間の学習範囲の受験対策、志望校の過去問対策など、やるべきことが盛りだくさんです。

学校の進度に合わせて勉強をしていると、中３の最後のほうに教わる範囲は、十分な対策ができません。夏以降は、学校で教わっていない内容も自分で先取り学習をして、問題を解くとよいでしょう。

下のスケジュールを目安に、中３の春からコツコツと勉強を始めて、夏に勢いを加速させるようにしましょう。

	勉強のスケジュール	入試に向けて
4月〜7月	・ふだんの予習・復習 ・定期テスト対策 ・中１・２の総復習 ➡夏休み前にひと通り終えるようにする	・学校説明会や文化祭へ行く ➡１学期中に第一志望校を決めよう ・模試を受けてみる ➡自分の実力がわかる
夏休み	・中１〜３の全範囲での入試対策 ➡問題集を解いたり、過去の定期テストの見直しをしたりしよう ・２学期以降の中３範囲の予習 ➡学校の進度にあわせると入試ギリギリになるので予習する	・１学期の成績をもとに、志望校をしぼっていく ※部活が夏休み中もある人はスケジュール管理に注意！
9月〜3月	・定期テスト対策 ➡２学期・後期の内申点までが受験に関わるので、しっかりと！ ・10月ごろから総合演習 ➡何度も解いて、練習しよう ・受ける高校の過去問対策 ➡くり返し解いて、形式に慣れる。苦手分野は問題集に戻ってひたすら苦手をつぶしていく	・模試を受ける ➡テスト本番の練習に最適 ・説明会や個別相談会に行く ➡２学期の成績で受験校の最終決定 ・１月ごろから入試スタート

学校の２学期制や、
３学期制にかかわらず
大切なスケジュールだよ

1 章

漢字・語句

01 漢字の出題のポイントは？①

同音異義語／同訓異字／送り仮名

高校入試で出題される漢字の書き問題には、**同音異義語**や**同訓異字**、**送り仮《が》名《な》**を間《ま》違《ちが》えやすい言葉があります。

【同音異義語の例】

イギ…**意義**のある仕事。／決定に**異議**を唱える。

イゼン…**以前**とは変わる。／**依然**として混雑している。

カイホウ…校庭を**開放**する。／緊張《きんちょう》から**解放**される。／病状が**快方**に向かう。

セイサン…借金を**清算**する。／乗り越《こ》し料金の**精算**。

ソウゾウ…将来の姿を**想像**する。／天地**創造**の物語。

ホショウ…品質を**保証**する。／身の安全を**保障**する。

ツイキュウ…利益を**追求**する。／責任を**追及**する。／真理を**追究**する。

ヒッシ…**必死**で頑張《がんば》る。／チームの解散は**必至**だ。

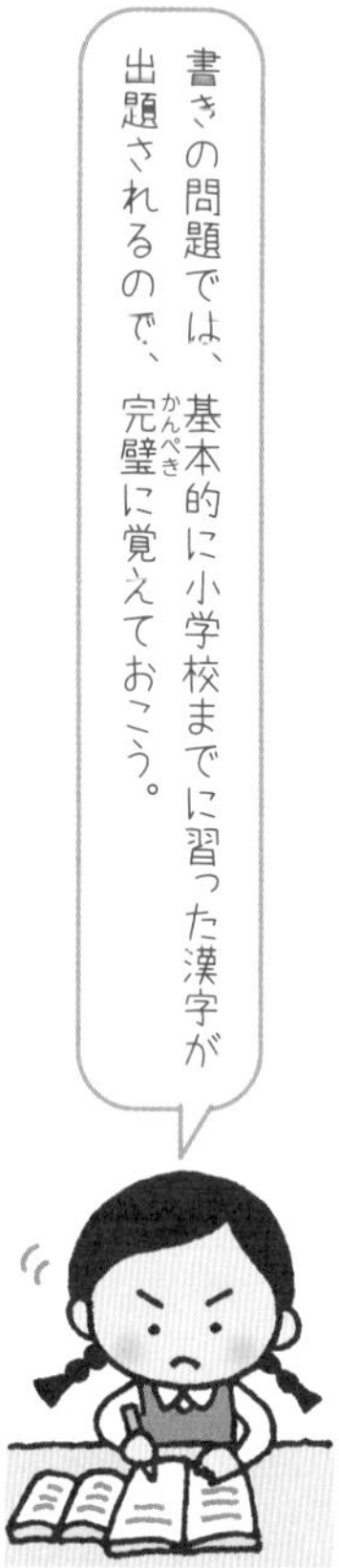
書きの問題では、基本的に小学校までに習った漢字が出題されるので、完璧《かんぺき》に覚えておこう。

【同訓異字の例】

あたたかい…**温かい**スープ。／**暖かい**地方。

うつす…集合写真を**写す**。／計画を実行に**移す**。／鏡に姿を**映す**。

そなえる…墓前に花を**供える**。／自然災害に**備える**。

まじる…若者に高齢《こうれい》者が**交じる**。／複数の色が**混じる**。

やぶれる…紙袋《かみぶくろ》が**破れる**。／試合に**敗れる**。

送り仮名は、原則として形が変わる部分（活用語尾《ごび》）から送りますが、例外もあります。また、送り仮名を間違えやすい言葉に注意しましょう。

【送り仮名を間違えやすい言葉の例】

- ○幼い　×幼ない
- ○率いる　×率きいる
- ○断る　×断わる
- ○向かう　×向う
- ○快い　×快よい
- ○難しい　×難かしい

基本練習

答えは別冊2ページ

1 次の文の合うほうに○を書きましょう。

(1) 長年の悩《なや》みから{ア（　）開放／イ（　）解放}される。

(2) 社内の人事{ア（　）移動／イ（　）異動}が発表される。

(3) 生物の進化の{ア（　）過程／イ（　）課程}を調べる。

(4) {ア（　）適正／イ（　）適性}に合った仕事を選ぶ。

(5) 漢字と仮名《かな》が{ア（　）交じる／イ（　）混じる}文。

(6) 僧侶《そうりょ》が仏の教えを{ア（　）解く／イ（　）説く}。

2 次の――線部の言葉を漢字と送り仮名で書きましょう。

(1) 機械の操作方法をあやまる。［　　］

(2) このまま進むのはあぶない。［　　］

(3) 先生の指示にしたがう。［　　］

3 次の――線部の言葉を漢字で書きましょう。

(1) 贈《おく》り物をきれいにホウソウする。［岐阜県］［　　］

(2) 新たに雑誌をソウカンする。［大分県］［　　］

(3) 内容をカンケツにまとめる。［青森県］［　　］

(4) 豪華《ごうか》客船が世界一周のコウカイに出る。［岩手県］［　　］

4 次の――線部の言葉を漢字で書きましょう。ただし、必要なものには送り仮名を付けること。［愛媛県］

(1) ようさん農家が桑《くわ》を栽培《さいばい》する。［　　］

(2) 国民しゅくしゃに泊《と》まる。［　　］

(3) 重力にさからう。［　　］

(4) いさましい姿に感動する。［　　］

学習した日　／
もう一度
バッチリ!

02 漢字の出題のポイントは？②

複数の音訓をもつ漢字／読み誤りやすい漢字／熟字訓

高校入試の漢字の読み問題では、**複数の音訓をもつ漢字**や**読み誤りやすい漢字**、**熟字訓**の言葉が出題されます。

【複数の音をもつ漢字の例】

・漁…ギョ（例 漁業）／リョウ（例 大漁）
・柔…ジュウ（例 柔軟《じゅうなん》）／ニュウ（例 柔和）
・省…セイ（例 反省）／ショウ（例 省略）
・伴…ハン（例 同伴）／バン（例 伴奏）
・便…ベン（例 便利）／ビン（例 郵便）
・模…モ（例 模型）／ボ（例 規模）

【複数の訓をもつ漢字の例】

・怠…**おこた**る／**なま**ける
・治…**おさ**める・**おさ**まる／**なお**る・**なお**す
・降…**お**りる・**お**ろす／**ふ**る
・育…**そだ**つ・**そだ**てる／**はぐく**む
・尊…**たっと**い・**たっと**ぶ／**とうと**い・**とうと**ぶ
・跳…**は**ねる／**と**ぶ

【読み誤りやすい漢字の例】

・嫌悪 × けんあく → ○ けんお
・惜敗 × ざんぱい → ○ せきはい
・遵守 × そんしゅ → ○ じゅんしゅ
・発端 × はったん → ○ ほったん
・廉価 × けんか → ○ れんか

読みの問題では、中学校で習った漢字も出題されるよ。

【中学校で習う特別な読み方（熟字訓）の例】

硫黄《いおう》・意気地《いくじ》・田舎《いなか》・お巡《まわ》りさん・固唾《かたず》・為替《かわせ》・時雨《しぐれ》・老舗《しにせ》・芝生《しばふ》・砂利《じゃり》・白髪《しらが》・相撲《すもう》・草履《ぞうり》・太刀《たち》・名残《なごり》・雪崩《なだれ》・二十歳《はたち》・波止場《はとば》・日和《ひより》・吹雪《ふぶき》・土産《みやげ》・息子《むすこ》・木綿《もめん》・大和《やまと》・弥生《やよい》・行方《ゆくえ》

基本練習

答えは別冊2ページ

1 次の――線部の読み方を書きましょう。

(1) 港に大漁の知らせが届く。（　　）

(2) 交通ルールを遵守する。（　　）

(3) 健康に留意する。（　　）

(4) 争いが治まる。（　　）

(5) お目にかかれれば幸いです。（　　）

(6) 心の迷いから覚める。（　　）

2 次の――線部の特別な読み方を書きましょう。

(1) 波止場に船が到着《とうちゃく》する。（　　）

(2) 老舗の和菓子《わがし》店の菓子をもらう。（　　）

(3) 遭難《そうなん》者の行方がわかる。（　　）

3 次の――線部の読み方を書きましょう。

(1) 新しい作品を披露する。［22 埼玉県］（　　）

(2) 贈《おく》り物を包装する。［大阪府］（　　）

(3) 柔和な人柄《ひとがら》。［和歌山県］（　　）

(4) 全ての情報を網羅した資料。［青森県］（　　）

(5) 部屋の隅に荷物を置く。［山梨県］（　　）

(6) 国際社会の中で重要な役割を占める。［岩手県］（　　）

(7) ボールが弾む。［滋賀県］（　　）

(8) 固唾をのんで見守る。［鹿児島県］（　　）

入試対策

入試問題では、小説文や説明文、随筆《ずいひつ》などの文章の中に線が引かれて読み（書き）を問われるケースと、独立した漢字の読み書き問題として出題されるケースがある。どちらにしても、全問正解できるように、日頃《ひごろ》から復習しておこう。

学習した日　／
もう一度
バッチリ!

03 部首・画数・筆順のポイントは？

部首／画数／筆順

高校入試では、**部首・画数・筆順**の問題は、行書《ぎょうしょ》の字体を問う問題なども含《ふく》め、複合的に出題されることが多くあります。

【部首の分類】

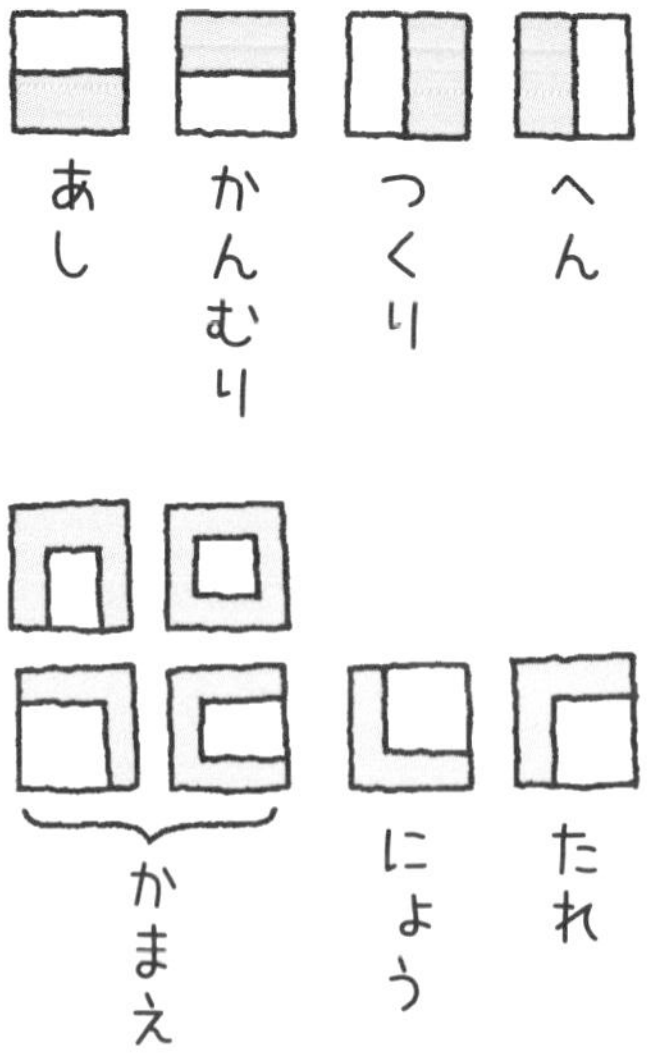
へん
つくり
かんむり
あし
たれ
にょう
かまえ

【行書と楷書《かいしょ》の違《ちが》い】

・行書で書くと形が似る部首

扌（扌《てへん》）――木（木《きへん》）

氵（氵《さんずい》）――糸（糸《いとへん》）――言（言《ごんべん》）

・楷書と形の異なるもの

楷書 艹（一十艹）　行書 䒑（丶丷䒑）

行書になると、字形が変わることもあるので、注意しよう！

【間違えやすい部首の画数】

（矢印の画は、一画で書きます。）

又《また》（二画）　女《おんな》（三画）

口《くち》（三画）　辶《しんにょう（しんにゅう）》（三画）

阝《こざとへん》（三画）　糸《いとへん》（六画）

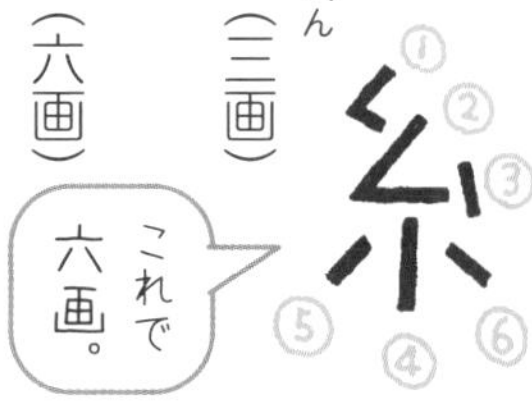
これで六画。

筆順は大まかな原則を押《お》さえておくと頭に入りやすいでしょう。

【間違えやすい筆順の原則】

・横画が先（縦横の画が交わるとき）　例 一十土　例外―冂冊田

・中央が先（中と左右に分かれるとき）　例 亅小小　例外―丷少火

・外側が先（中の点画を外から囲むとき）　例 丨冂同回　例外―一㐅区

・左払《ひだりばら》いが先（左右に払う画が交わるとき）　例 丶ナ文

・貫《つらぬ》く縦画や横画は最後　例 丨口日申　例 𠃋𠁣𠂎母

・左払いが短く横画が長いものは、左払いが先　例 ノナ右

・左払いが長く横画が短いものは、横画が先　例 一ナ左

基本練習

答えは別冊2ページ

1 次の漢字から部首を書き抜き、部首名を答えましょう。

(1) 慣　部首［　］　部首名〔　〕
(2) 登　［　］〔　〕
(3) 雑　［　］〔　〕
(4) 病　［　］〔　〕
(5) 起　［　］〔　〕

2 次の漢字の筆順のうち、正しいほうに○を付けましょう。

(1) 帯
ア（　）一 十 卄 卅 卌 卌 带 带 帯
イ（　）一 七 卄 卅 卌 卌 带 帯

(2) 郵
ア（　）ノ 二 千 千 乖 乖 垂 垂 郵 郵 郵
イ（　）ノ 二 三 千 乖 乖 垂 垂 郵 郵 郵

(3) 臣
ア（　）一 厂 厂 円 臣 臣
イ（　）丨 厂 厂 円 円 臣 臣

3 次の各問いに答えましょう。

(1) 次の行書で書かれた漢字を楷書《かいしょ》で書くとき、総画数が同じ漢字を、後から一つ選び、記号で答えましょう。〔高知県〕

統

ア 傑　イ 喪　ウ 粛　エ 塾

［　］

(2) 次の行書で書いた漢字の部首名を、平仮名《ひらがな》で書きましょう。〔島根県〕

講

〔　〕

(3) 「社」と同じ部首の漢字を次から一つ選び、記号で答えましょう。〔熊本県〕

ア 株　イ 補　ウ 稼
エ 祥　オ 粗

［　］

(4) 次の漢字の部首名を書きましょう。また、この漢字を楷書で書いた場合の総画数を書きましょう。〔群馬県〕

権

部首名〔　〕　総画数［　］

学習した日　／
もう一度
バッチリ!

04 熟語の構成の種類

二字熟語／三字熟語／四字熟語

高校入試では、熟語の構成は主に二字・三字熟語で問われます。四字熟語は、主に意味や表記について問われます。

【二字熟語の主な構成】

①似た意味の漢字の組み合わせ	例 身体〔身≒体〕〔だいたい同じ。〕
②意味が対《つい》になる漢字の組み合わせ	例 明暗〔明↔暗〕
③上が下を詳《くわ》しくする（修飾《しゅうしょく》する）	例 美声〔美しい→声〕
④上が動作で、下が目的・対象	例 消火〔消す←火を〕
⑤主語・述語	例 国営〔国が→営む〕
⑥上に、打ち消しの意味の漢字が付く	例 無限〔無い←限りが〕
⑦下に、作用や状態を表す漢字が付く	例 強化〔強く→する（化）〕
⑧同じ漢字どうし	例 人々〔人と人〕〔「々」は繰《く》り返しの符号《ふごう》。〕
⑨長い熟語を省略する	例 国連〔国際連合〕

【三字熟語の構成】

①一字＋二字	例 不公平・要注意
②二字＋一字	例 合理的・入学金
③三字が対等	例 上中下・松竹梅

①は上に「不・無・未・非」が付いたものもあるよ。

【四字熟語の構成】

①二字＋二字	例 自由自在・南極大陸
②四字が対等	例 東西南北・花鳥風月

「春夏秋冬」は②の構成だね。

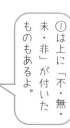

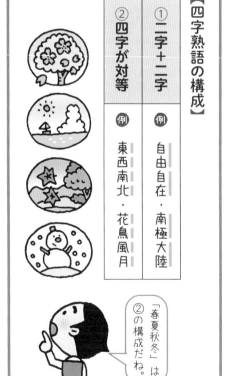

答えは別冊2ページ

1

次の二字熟語の構成と同じものを、あとから一つずつ選んで書きましょう。

(1) 就職 □□

(2) 難易 □□

(3) 腹痛 □□

(4) 適温 □□

両親　温暖　減点　貧富　国営　不在

2

次の三字熟語の構成の説明に当てはまるものをあとから一つずつ選び、記号で答えましょう。

(1) 一字の熟語が対等に並んだ構成 □

(2) 二字熟語の上に漢字一字が付いた構成 □

(3) 二字熟語の下に漢字一字が付いた構成 □

ア 無意識　イ 松竹梅　ウ 有権者

3

次の各問いに答えましょう。

(1) 次の文中の「乗車」と構成が同じ熟語をあとから一つ選び、記号で答えましょう。〔新潟県〕

＊停留所でバスに乗車する。

ア 往復　イ 過程　ウ 作文　エ 選択《せんたく》 □

(2) 「柔軟《じゅうなん》」と同じ組み立てになっている熟語として適切なものを次から一つ選び、記号で答えましょう。〔熊本県〕

ア 年少　イ 深海　ウ 虚実《きょじつ》　エ 作文　オ 競争 □

(3) 「多種多様」と同じ意味を表す四字熟語を次から一つ選び、記号で答えましょう。〔秋田県〕

ア 大同小異　イ 千差万別　ウ 花鳥風月　エ 適材適所 □

(4) 次の四字熟語について、――線部の平仮名《ひらがな》の部分に当たる漢字として適切なものをそれぞれあとから一つずつ選び、記号で答えましょう。〔群馬県〕

① 意味しん長

ア 心　イ 深　ウ 身　エ 伸 □

② 五里む中

ア 六　イ 無　ウ 夢　エ 霧 □

学習した日　／

もう一度　バッチリ！

05 慣用的な表現・言葉の使い分け

慣用句／ことわざ／故事成語／類義語・対義語

近年の高校入試では、慣用句・ことわざ・故事成語の出題数はそう多くありませんが、一問の不正解が合否に関わることもあるため、日頃《ひごろ》から慣用的な表現を意識的に覚えるようにしましょう。

【慣用句の例】

体の部分を表す言葉が入った慣用句

・鼻にかける（自慢《じまん》する。得意がる。）

・腹を決める（そうしようと決心する。）

・胸に刻む（忘れないように、心の中にしっかり留めておく。）

動物の名前が入った慣用句

・えびでたいを釣《つ》る（わずかな元手や労力で、大きな利益を得る。）

・猫《ねこ》の額（土地が非常に狭《せま》いこと。）

・虫が好かない（何となく気に入らなくて、嫌《きら》いな様子。）

【ことわざの例】

・**石橋《いしばし》をたたいて渡《わた》る**（とても用心深く物事を行う。）

・**弘法《こうぼう》にも筆の誤り**（その道に優れた人でも、ときには失敗をする。）

弘法大師は
書道の
名人

【故事成語の例】

・**温故知新《おんこちしん》**（昔の物事を調べ、そこから新しい知識や考えを引き出すこと。）

・**漁夫《ぎょふ》〔漁父《ぎょふ》〕の利《り》**（二者が争っているすきに、関係ない人が利益を横取りすること。）

・**四面楚歌《しめんそか》**（自分の周りがみな敵で、助けもなく孤立《こりつ》すること。）

類義語・対義語の出題数も多くはありませんが、出題されたら確実に点を取れるように、普段《ふだん》から語彙《ごい》を増やしておきましょう。

【類義語の例】

温厚ー温和　賛成ー同意　突然《とつぜん》ー不意

不在ー留守　決意ー決心ー覚悟《かくご》

気絶ー失神ー卒倒《そっとう》

【対義語の例】

間接↔直接　消極↔積極　権利↔義務

拡大↔縮小　平凡《へいぼん》↔非凡　既知《きち》↔未知

一字が共通して類似・対立するもの、全体で類似・対立しているものがあるね。

基本練習

答えは別冊2ページ

1

次の〔　〕に当てはまる体の部分を表す言葉をあとから選んで書き入れ、慣用句を使った文を完成させましょう。

(1) 当時の人々の暮らしが〔　〕に浮《う》かぶ。

(2) 〔　〕に任せて、城内を歩き回る。

(3) 新年度から、〔　〕を据《す》えて新事業に取り組む。

頭　顔　目　手　首　胸　腰《こし》　足

2

次の□に当てはまることわざや故事成語を、それぞれあとから一つずつ選び、記号で答えましょう。

(1) 事件解決の糸口が見つからず、捜査《そうさ》は□の状態が続いている。　□

(2) 出先で落とし物をしたうえに、傘《かさ》を忘れて雨にぬれてしまい、□だった。　□

(3) 試験直前になって勉強不足を後悔《こうかい》しても、それは□というものだ。　□

ア 五里霧中《ごりむちゅう》　イ あとの祭り　ウ 泣きっ面《つら》に蜂《はち》

3

次の各問いに答えましょう。

(1) 次の各文の――線部の慣用句の中で、使い方が誤っているものを一つ選び、記号で答えましょう。〔福島県〕

ア 先輩《せんぱい》からかけられた言葉を心に刻む。

イ 現実の厳しさを知り襟《えり》を正す。

ウ 彼《かれ》の日々の努力には頭が下がる。

エ 大切な思い出を棚《たな》に上げる。

オ 研究の成果が認められ胸を張る。

□

(2) 次のことわざのうち、「名人・達人でも時には失敗すること」という意味をもつものを全て選び、記号で答えましょう。〔鳥取県〕

ア 河童《かっぱ》の川流れ　イ 馬の耳に念仏

ウ 鬼《おに》の目にも涙《なみだ》　エ 弘法《こうぼう》にも筆の誤り

オ 猿《さる》も木から落ちる

〔　〕

4

次のそれぞれの熟語の組み合わせのうち、二つの熟語の関係が類義語となっているものを一つ選び、記号で答えましょう。〔高知県〕

ア 親切 ― 厚意　イ 天然 ― 人工

ウ 難解 ― 平易　エ 保守 ― 革新

□

学習した日　／

もう一度　バッチリ!

06 敬語の正しい使い方

尊敬語／謙譲語／丁寧語

高校入試では、敬語を適切に使った選《せん》択《たく》肢《し》を選んだり、正しく書き直したりする問題が出題されます。三種類の敬語を押《お》さえ、正確に理解しましょう。

【敬語の種類】

①尊敬語

・お（ご）〜になる　例 先生がお帰りになる。
・〜れる・られる　例 先生が話される。
・特定の形に変化する動詞（※下段）

②謙譲語《けんじょう》

・お（ご）〜する　例 私がご説明する。
・特定の形に変化する動詞（※下段）

③丁寧語《ていねい》

・〜です・ます　例 私は中学生です。
・〜ございます　例 こちらが新商品でございます。

謙譲語は、自分だけでなく、自分の身内の動作にも使うよ。

特定の形に変化する動詞には、**尊敬語**と**謙譲語**があります。

【特定の形に変化する動詞】

一般《いっぱん》的な動詞	特別な形の尊敬語	特別な形の謙譲語
行く・来る	いらっしゃる おいでになる	参る・伺《うかが》う
いる	いらっしゃる おいでになる	おる
言う・話す	おっしゃる	申す・申しあげる
食べる・飲む	召《め》しあがる	いただく・頂戴《ちょうだい》する
する	なさる・あそばす	いたす
見る	ご覧になる	拝見する
くれる	くださる	―
もらう	―	いただく・頂戴する
聞く	―	伺う・承る・拝聴《はいちょう》する
与《あた》える・やる	―	差しあげる
知る・思う	―	存じる

↓答えは別冊2ページ

1 **次の各文の――線部を、特定の形に変化する動詞を使って、指示された敬語に直しましょう。**

(1) 先生は一つ一つの作品をじっくり見た。〈尊敬語〉 〔　　　〕

(2) お客様にお茶をあげる。〈謙譲語〉 〔　　　〕

(3) 父が先生によろしくと言っています。〈謙譲語〉 〔　　　〕

(4) 先生が心のこもったお手紙をくれた。〈尊敬語〉 〔　　　〕

2 **次の文のうち、敬語の使い方が誤っているものを一つ選び、記号で答えましょう。**

ア 先生が号令をおかけになる。

イ お客様に丁寧《ていねい》にご挨拶《あいさつ》する。

ウ 生徒たちは先生の指示をお聞きになった。

エ 市長が市内の学校を視察された。

□

3 **次の各問いに答えましょう。**

(1) 「先生は『人の痛みをわかる人になりなさい』と言いました。」の――線部を、適切な敬語表現に直しましょう。〔和歌山県〕

〔　　　〕

(2) 「先生から教えてもらった。」の――線部を正しい敬語表現に改めたものを一つ選び、記号で答えましょう。〔栃木県〕

ア お教えした　イ 教えていただいた

ウ お教えになった　エ 教えてくださった

□

(3) 次の対話の□に当てはまる敬語として適切なものをあとから一つ選び、記号で答えましょう。〔群馬県〕

Aさん　明日、当社で行われる展示会には、どなたが□。

Bさん　副社長と私が参ります。

ア 伺《うかが》いますか　イ 召《め》しあがりますか

ウ お目にかかりますか　エ お見えになりますか

□

ミス注意
2と**3**(2)は、主語が誰《だれ》かということに注目して、正しい敬語表現を選ぼう。**3**(3)は、主語が誰かということに注目し、対話が行われている状況《じょうきょう》を踏《ふ》まえた言葉を選ぼう。

学習した日　／
もう一度
バッチリ!

実戦テスト 1

答えは別冊2ページ

1章 漢字・語句

得点 ／100点

1

次の(1)〜(4)は——線部の読み方を書き、(5)〜(8)は——線部を漢字に直して書きましょう。ただし、漢字は楷書《かいしょ》で、大きく丁寧《ていねい》に書くこと。 各5点 計40点 ［大阪府］

(1) 栄誉をたたえる。

(2) 話が佳境に入る。

(3) 大会への参加者を募る。

(4) 本を携えて旅に出る。

(5) 教室を美しくタモつ。

(6) 屋根をササえる柱。

(7) キュウキュウ箱を常備する。

(8) 専門リョウイキを広げる。

(1)［　　］ (2)［　　］

(3)［　　］ (4)［　　］

(5)［　　］ (6)［　　］

(7)［　　］ (8)［　　］

2

次の文の——線部の片仮名《かたかな》を漢字で書いたとき、正しいものをあとから一つ選び、記号で答えましょう。 5点 ［島根県］

＊作業のカテイを記録する。

ア 仮定　イ 家庭　ウ 課程　エ 過程

□

3

行書の特徴《とくちょう》の一つに筆順の変化があります。次の行書で書かれた漢字のうち、部首の部分が、楷書で書いた場合と比べて、筆順が変化しているものはどれですか。一つ選び、記号で答えましょう。 5点 ［徳島県・改］

ア 進　イ 絹　ウ 窓　エ 熟

□

4

次の行書で書いた漢字を楷書で書いたとき、総画数は何画になりますか。あとから一つ選び、記号で答えましょう。 5点 ［島根県］

閉

ア 八画　イ 九画　ウ 十画　エ 十一画

□

5

次の語は、それぞれ〈 〉内に示した語の対義語です。□に当てはまる漢字として適切なものを、それぞれあとから一つずつ選び、記号で答えましょう。 各5点 計10点 ［群馬県］

(1) □凡《ぼん》〈平凡〉

ア 欠　イ 非　ウ 不　エ 無

□

(2) □然〈偶然《ぐうぜん》〉

ア 奇　イ 突　ウ 必　エ 悠

□

6

「握手《あくしゅ》」という熟語の構成の説明として適切なものを、次から一つ選び、記号で答えましょう。　7点［茨城県］

ア 二字が似た意味の漢字を重ねたもの。
イ 二字が対《つい》になる漢字を組み合わせたもの。
ウ 上の漢字が下の漢字を修飾《しゅうしょく》しているもの。
エ 下の漢字が上の漢字の目的や対象を示すもの。
オ 主語と述語の関係にあるもの。

□

7

次の対話の□に当てはまる言葉として適切なものを、それぞれあとから一つずつ選び、記号で答えましょう。　各7点　計14点［群馬県］

(1)
Aさん　一つのことについてもさまざまな意見があって、何が正しいのかわからなくなるときがあるよ。
Bさん　そうだね。でも、簡単に□することなく、自分の意見をしっかりもつことが重要だと思うな。

ア 一日千秋　イ 異口同音
ウ 日進月歩　エ 付和雷同《ふわらいどう》

□

(2)
Aさん　有名な画家の未発表の作品が、新たに発見されたというニュースがあったね。
Bさん　彼《かれ》の作品は結構好きなんだ。□ことになってうれしく思うよ。

ア 大目に見る　イ 足もとを見る
ウ 長い目で見る　エ 日の目を見る

□

8

次の文章を読んで、あとの問いに答えましょう。　各7点　計14点［静岡県］

日本の食品ロス量は、国連の食料援助《えんじょ》量の約一・六倍に相当します。日本では、毎日、国民一人当たり茶わん一杯《いっぱい》分の食品を捨てていることになるそうです。食料不足で苦しむ国の人々に対して、①恥《は》ずかしくてひけめを感じました。（※省略）
日本の食品ロス量の内訳を示した、この図を見てください。そのために、私たち中学生ができる具体的な方法を、学校の栄養士の方から三つ②聞いたので、伝えます。買い物の際には、冷蔵庫の在庫を確認して食品を買いすぎないこと。調理の際には、作りすぎないこと。また、野菜や果物の皮を厚くむきすぎないことです。

(1) ――線部①を印象的に表すために、慣用句を使った表現にしたいと思います。――線部①とほぼ同じ意味になる慣用句を使った表現として適切なものを次から一つ選び、記号で答えましょう。

ア 歯が立ちませんでした　イ 頭をかかえました
ウ 耳に逆らいました　エ 肩身《かたみ》が狭《せま》くなりました

□

(2) ――線部②を、「栄養士」に対する敬意を表す表現にしたいと思います。――線部②を、敬意を表す表現に書き換《か》えましょう。

〔　　〕

合格につながるコラム②

漢字・語句の勉強のコツ

漢字の読み書きは日々の積み重ねで覚えよう

間違えやすい読み・書きの漢字はまとめて覚える

漢字の読み書きは、入試問題では100%出題され、覚えてさえいれば確実に点が取れる問題です。ただし、数がとても多いので、毎日少しずつでも練習して、覚えていくことが大切です。

形が似ていることで混同しやすい漢字は、漢字のもつ意味もあわせて覚えることで、間違いを防ぐことができます。また、漢字を一字ずつ覚えようとするのではなく熟語単位で書いたり読んだりすることが、確実に覚えるためのポイントとなります。それぞれ、いくつかご紹介しましょう。

形が似ていて 読み誤りやすい漢字	遂〈スイ〉（意味：成し遂げる）…遂行・完遂 逐〈チク〉（意味：追い払う・順を追う）…駆逐・逐次 網〈モウ〉（意味：あみ）…網羅・交通網・一網打尽 綱〈コウ〉（意味：はがね）…鋼材・鋼鉄・鉄鋼・要綱 朽〈キュウ〉（意味：くさる）…不朽・老朽 巧〈コウ〉（意味：技がうまい）…巧言・巧妙・技巧・精巧
形が似ていて 同音のために、 書き誤りやすい漢字	積（意味：積もる・広さ）…堆積・集積・面積・積極的 績（意味：糸を紡ぐ・手柄・出来栄え）…紡績・成績・功績 検（意味：調べる）…検査・検挙・検索・検討・探検・点検 険（意味：険しい）…険悪・危険・保険・冒険 験（意味：確かめる・試す）…経験・試験・実験・受験・体験

敬語表現は正しく覚えよう

尊敬語・謙譲語の混同や二重敬語に注意する

入試では、文を敬語表現で書き換える問題がよく出題されます。敬語を使うときは、次の点に注意しましょう。

・尊敬語と謙譲語を混同していないか

尊敬語の「お（ご）～になる」と、謙譲語の「お（ご）～する」は、混同しやすい表現です。間違った使い方をしている選択肢を答える問題でよく問われるので、正確に把握しておきましょう。

・敬語を重ねすぎていないか

特定の形に変化する動詞や「お（ご）～になる」に、尊敬の助動詞「れる・られる」を重ねて使う間違いがよく見られます。

○ おっしゃる・言われる
× おっしゃられる

○ お話しになる・話される
× お話しになられる

相手に敬意を表そうとして、「先生がご説明する」と、間違って謙譲語を使わないように、注意が必要だよ。

2 章

文法

07 文節・文の成分とは？

文節／文の成分

文節とは、意味を壊《こわ》さない程度に短く区切った、文中のひと区切りのことです。

単語
文節
私の ね 弟は ね ゲームが さ 趣味《しゅみ》だ よ。

話す調子で、「ね」「さ」「よ」などが自然に入る部分が、文節の区切り目になるよ！

文節どうしは、さまざまに関係し合って文を組み立てています。

【文節どうしの関係】

①**主・述の関係**（主語・述語）…「何が→どうする」などを示す関係。

例 馬が 草原を 走る。
「何が→どうする」
「主・述の関係」
＊述語は、文末にあることが多い。

②**修飾《しゅうしょく》・被《ひ》修飾の関係**…係る文節が受ける文節を詳《くわ》しく説明する関係。

例 温かい スープを 飲む。
「係る→受ける」
「修飾・被修飾の関係」

③**並立《へいりつ》の関係**…二つ以上の文節が対等の資格で並ぶ関係。

例 スプーンと フォークを 使う。
「並立の関係」
＊入れ替《か》えても文意は変わらない。

④**補助の関係**…主な意味を表す文節と、そのすぐあとに付いて補助的な意味を添《そ》える文節との関係。

例 赤ちゃんが 遊んで いる。
「補助の関係」

文節は、次の五つの種類（働き）に分けられ、これらを**文の成分**といいます。

①**主語**…「何が・誰《だれ》が」を表す文節。	例 私は 本を 読む。
②**述語**…「どうする・どんなだ・何だ・ある・いる・ない」を表す文節。	例 姉が コートを 着る。
③**修飾語**…他の文節に係り、その内容を詳しく説明する文節。	例 祖母が お茶を 飲む。
④**接続語**…あとに続く部分をつなぎ、前後がどんな関係かを示す文節。	例 外は 雨だ。だから、今日は 出かけない。
⑤**独立語**…他の文節とは直接関係がなく、独立している文節。	例 うん、そうするよ。

答えは別冊3ページ

1 **次の文を文節に分けたとき、正しいものをあとから一つ選び、記号で答えましょう。**

夏の夜空に無数の星々が輝《かがや》いている。

ア　夏の／夜空に／無数の／星々が／輝いている。
イ　夏の／夜空に／無数の／星々が／輝いて／いる。
ウ　夏の夜空に／無数の／星々が／輝いている。
エ　夏／の／夜空／に／無数／の／星々／が／輝いて／いる。

2 **次の各文のうち、――線部と＝＝線部が「修飾・被修飾の関係」になっているものを一つ選び、記号で答えましょう。**

ア　大勢の　人が　駅前の　広場に　集まる。
イ　私の　友人は、犬と　猫《ねこ》を　飼って　いる。
ウ　母に、学校まで　忘れ物を　届けて　もらう。
エ　兄が、画用紙に　竹林の　絵を　描《か》く。
オ　はい、その　問題は　すでに　解決しました。

3 **次の各問いに答えましょう。**

(1)　次の文の「身近でなじみ深い」の「身近で」と「なじみ深い」の文節どうしの関係を、あとから一つ選び、記号で答えましょう。〔秋田県〕

地域の歴史資料館は、最も身近でなじみ深い「博物館」です。

ア　主語・述語の関係　　イ　修飾・被修飾の関係
ウ　補助の関係　　エ　並立の関係

(2)　次の文の――線部の述語に対する主語を、一文節で書き抜《ぬ》きましょう。〔23 埼玉県〕

夏休み期間中は大会こそ行われないものの、練習試合などは数多く予定されているため、電車に乗る機会も普段《ふだん》よりは多いだろう。

〔　　　〕

学習した日　／
もう一度
バッチリ!

08 品詞にはどんな種類がある？

品詞は、単語を文法上の性質や働きの違《ちが》いによって分類したものです。品詞には**自立語**と**付属語**があり、十品詞に分類されます。

【品詞分類表】

- 単語
  - 自立語
    - 活用する … 述語になる（用言）
      - （言い切りの形が）**ウ段の音《おん》**で終わる ……… **動詞《どうし》**
      - **「い」**で終わる ……… **形容詞《けいようし》**
      - **「だ・です」**で終わる ……… **形容動詞《けいようどうし》**
    - 活用しない
      - 主語になる（体言） ……… **名詞《めいし》**
      - 主語にならない
        - 修飾《しゅうしょく》語になる
          - 主に用言を修飾 ……… **副詞《ふくし》**
          - 体言だけを修飾 ……… **連体詞《れんたいし》**
        - 接続語だけになる ……… **接続詞《せつぞくし》**
        - 独立語だけになる ……… **感動詞《かんどうし》**
  - 付属語
    - 活用する ……… **助動詞《じょどうし》**
    - 活用しない ……… **助詞《じょし》**

自立語の特徴《とくちょう》

①それだけで意味がわかります。　②一文節に一つ。

付属語の特徴

①それだけでは意味がわかりません。
②必ず自立語のあとに付いて文節を作ります。
③一文節に複数あることも、一つもないこともあります。

【活用しない自立語】 活用しない自立語は、次の五品詞です。

品詞	性質・働き	例
名詞	人や物事などの名前を表し、**体言**ともいいます。	母は　先生だ。
副詞	・物事の状態や様子、程度などを表します。 ・「状態の副詞・程度の副詞・呼応（陳述《ちんじゅつ》・叙述《じょじゅつ》）の副詞」の三種類があります。	状態の副詞 ついに　絵が　完成する。 程度の副詞 かなり　足が　速い。 呼応の副詞 まるで　雪のように　白い。
連体詞	体言や、体言を含《ふく》む文節を修飾します。	大きな　箱を　運ぶ。
接続詞	前後の文や文節などをつなぎます。	電気をつけた。だから、明るい。
感動詞	感動や呼びかけ、応答や挨拶《あいさつ》などを表します。	やあ、元気かい。

【連体詞と形容動詞の見分け方】

・「～な」を「～だ」の形にできる → 形容動詞
・「～な」を「～だ」の形にできない → 連体詞

例 ゆかいな話　（〇ゆかいだ）…**形容動詞**
小さな部屋　（×小さだ）……**連体詞**

基本練習

答えは別冊3ページ

1 **次の文の――線部の品詞名を答えましょう。**

(1) 犬が、公園を走る。〔　　〕

(2) かばんを置き忘れてしまった。〔　　〕

(3) はい、それは私が描《か》いた絵です。〔　　〕

(4) 弟が、泣きだしてしまった。〔　　〕

2 **次の各文の――線部のうち、他と品詞が異なるものを一つ選び、記号で答えましょう。**

ア　ある人物に協力をお願いする。

イ　友人が大きなあくびをした。

ウ　庭にきれいな花が咲《さ》いた。

エ　君はどの本を読みたいですか。

□

3 **次の各問いに答えましょう。**

(1) 次の文を単語に分けたとき、最も多く使われている品詞の名称《めいしょう》を答えましょう。〔22 埼玉県〕

あきらめずに練習を続けようと思いました。

〔　　〕

(2) 次の文の――線部「すぐ」と同じ品詞の言葉を、あとから一つ選び、記号で答えましょう。〔岐阜県〕

ほんのちょっと声をかけてくれたらすぐ起きたのに、どうして置いていくのか。

ア　静かな環境《かんきょう》で学習する。

イ　日が暮れるまで練習する。

ウ　部屋をそっと出る。

エ　早い時間に出発する。

□

ミス注意

3 (2) **活用するかしないか、文の中でどのような働きをしているかなどを考えて、品詞を判断しよう。**

学習した日　／

もう一度

バッチリ!

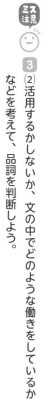

09 動詞の活用

動詞の働きと活用

動詞は、**活用する自立語**で、**動作**や**存在**（いる・ある）を表します。

【動詞の特徴《とくちょう》】

①言い切りの形が、**ウ段の音《おん》**で終わります。

例 **読む** ウ　**いる** ウ

②**活用形**は**六つ**、**活用の種類**は**五つ**です。

【活用の種類と活用形】

＊（　）内は語幹（変わらないところ）、（○）は語幹なし。

活用の種類	語例＼活用形	未然形	連用形	終止形	連体形	仮定形	命令形
五段活用	打つ（打）	―た ―と	―ち（―っ）	―つ	―つ	―て	―て
上《かみ》一段活用	降りる（降）	―り	―り	―りる	―りる	―りれ	―りろ ―りよ
下《しも》一段活用	食べる（食）	―べ	―べ	―べる	―べる	―べれ	―べろ ―べよ
カ行《かぎょう》変格活用（カ変）	来る（○）	こ	き	くる	くる	くれ	こい
サ行《さぎょう》変格活用（サ変）	する（○）	さ せ し	し	する	する	すれ	しろ せよ

【活用の種類の見分け方】

動詞に「**ナイ**」を続けて、その前の音で見分けましょう。

例 **打つ**　打**た**ア［ta］ナイ　**ア段**の音 → 五段活用

降りる　降**り**イ［ri］ナイ　**イ段**の音 → 上一段活用

食べる　食**べ**エ［be］ナイ　**エ段**の音 → 下一段活用

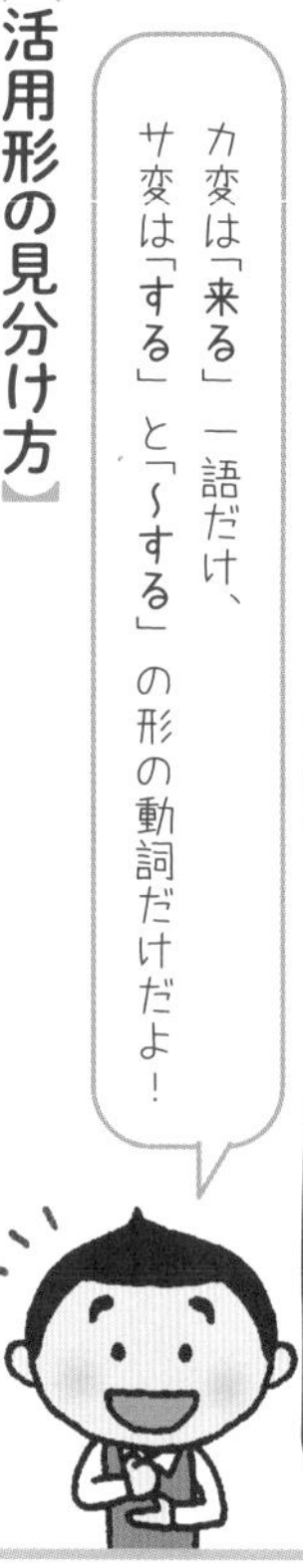

カ変は「**来る**」一語だけ、
サ変は「**する**」と「**～する**」の形の動詞だけだよ！

【活用形の見分け方】

あとに続く主な言葉をもとに、見分けましょう。

活用形	あとに続く言葉
未然形	―ナイ ―ウ ―ヨウ
連用形	―マス ―タ ―テ
終止形	―。（言い切る）
連体形	―トキ ―ノデ
仮定形	―バ
命令形	―。（命令する）

例 **打たナイ** 未然形　**打ちマス** 連用形　**打つ。** 終止形

打つトキ 連体形　**打てバ** 仮定形　**打て。** 命令形

※可能を表す**可能動詞**、直前の文節を補助する**補助動詞**もあります。

例 すぐ練習に行ける（可能動詞・可能の意味）ように、準備して　おく（補助動詞・補助の関係）。

答えは別冊3ページ

1 例にならって、次の各文の動詞に――線を引きましょう。

例 ハンカチで額の汗《あせ》をぬぐう。

(1) 蛇口《じゃぐち》から勢いよく水が流れる。

(2) 姫路《ひめじ》城がある都道府県は、兵庫《ひょうご》県です。

(3) しっぽを振《ふ》る小さな犬がかわいらしい。

2 次の動詞の活用の種類は何ですか。「ナイ」を続けて見分けて、答えましょう。

(1) 待つ　〔　　　〕活用

(2) 受ける　〔　　　〕活用

(3) 率いる　〔　　　〕活用

3 次の各問いに答えましょう。

(1) 次の――線部「はずし」は動詞ですが、その活用形として適切なものを、あとから一つ選び、記号で答えましょう。〔三重県〕

ゴーグルをはずし、澄《す》んだ目をおれに向けた。

ア 未然形　イ 連用形
ウ 連体形　エ 仮定形

□

(2) 次の――線部「続ける」は動詞です。活用の種類と活用形を答えましょう。〔熊本県〕

調査枠《わく》組《ぐ》みの検討を続けると発表。

活用の種類〔　　　〕
活用形〔　　　〕

ミス注意
3 (2)活用の種類は「～活用」、活用形は「～形」と書くことに注意しよう。

学習した日 ／
もう一度
バッチリ!

形容詞／形容動詞

10 形容詞・形容動詞の活用

形容詞と**形容動詞**は活用する自立語で、物事の性質や状態などを表します。

【形容詞・形容動詞の特徴《とくちょう》】

①言い切りの形が、**形容詞**は「い」、**形容動詞**は「だ・です」で終わります。

例 丸い **形容詞** 静かだ・静かです **形容動詞**

②**活用形**は、形容詞・形容動詞、どちらも**五つ**。

③活用の種類は、**形容詞は一種類**、**形容動詞は二種類**。

＊形容詞・形容動詞には、命令形はない。

【活用の種類と活用形】

品詞		語例	語幹	未然形	連用形	終止形	連体形	仮定形	命令形
形容詞		丸い	丸	かろ	かっ・く・う	い	い	けれ	○
形容動詞	常体	静かだ	静か	だろ	だっ・で・に	だ	な	なら	○
	敬体	静かです	静か	でしょ	でし	です	(です)	○	○
あとに続く主な言葉				ウ	タ・ナイ・ナル	(言い切る)	トキ・ノデ	バ	(命令する)

＊形容詞の連用形の「う」は、「ございます」に続くときの形。（例 丸うございます。）
なお、「新しい」などに「ございます」が付く場合は、「新しゅうございます。」と読む。

【補助形容詞】

もとの意味が薄《うす》れ、直前の文節を補助する意味で使われる形容詞を、**補助形容詞（形式形容詞）**といいます。

例 簡単に優勝できるほど甘《あま》く**ない**。（ない：補助形容詞）否定の意味を添《そ》える。

例 私の話を聞いて**ほしい**。（ほしい：補助形容詞）願望の意味を添える。

補助形容詞は、直前の用言と補助の関係を作るよ。

【形容詞・形容動詞と間違《まちが》えやすい表現】

・車が動かない。
↓ ×形容詞 ○ 動詞＋助動詞「ない」

・私は科学者だ。
↓ ×形容動詞 ○ 名詞＋助動詞「だ」

答えは別冊3ページ

1 例にならって、次の各文に含《ふく》まれている形容詞に——線を引き、活用形を答えましょう。

例 思いきり高く跳《と》ぶ。 〔連用形〕

(1) 部屋が暗ければ電気をつけてね。 〔　〕

(2) 細かい部分は省いて概要《がいよう》を伝える。 〔　〕

(3) あの出来事は話せば長くなる。 〔　〕

(4) 転んですりむいた膝《ひざ》が痛い。 〔　〕

2 次の文のうち、形容動詞を含んでいるものを一つ選び、記号で答えましょう。また、その活用形を答えましょう。

ア 美しい風景を写真に撮《と》る。

イ 指先で小さな花びらに触《ふ》れる。

ウ あと五分早く家を出れば間に合った。

エ 身近な話題について議論する。

□ 活用形〔　〕

3 次の各問いに答えましょう。

(1) 次の文の——線部「正しい」の活用形を書きましょう。 〔秋田県〕

それぞれの特性についての正しい認識のもと、適切に取り扱《あつか》わなければならない。

〔　〕

(2) 次の各文の——線部a、bの品詞を、あとから一つずつ選び、記号で答えましょう。 〔長野県〕

・カクレクマノミは、小さくて弱い(a)魚だが、毒のあるイソギンチャクと共生して外敵から身を守っている。

・ひ弱な(b)エビだが、捕食《ほしょく》されることはない。

ア 副詞　イ 連体詞

ウ 形容詞　エ 形容動詞

a □

b □

学習した日 ／

もう一度　バッチリ!

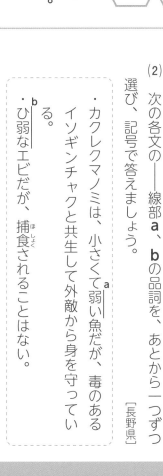

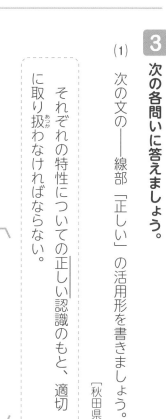

11 助詞

付属語――助詞の識別①

助詞は、**活用しない付属語**で、主に自立語のあとに付いて意味を付け加えたり、語句と語句の関係を示したりします。

【助詞の特徴《とくちょう》】

①語句にいろいろな意味を添《そ》えます。

例 肉も（並立《へいりつ》）野菜も（並立）食べる。　この本を知っていますか（疑問）。

②語句と語句の関係を示します。

例 はがきが（主語を作る）届く。　寒いのに（接続語を作る）、弟は薄《うす》着《ぎ》だ。

【助詞の種類と主な例】

①**格助詞「が・の・を・に・へ・と・より・から・で・や」**

主に名詞（体言）のあとに付いて、文節の関係を示します。

例 九時から（起点を示す）勉強を始める。　桜が（主語を示す）満開になる。

②**接続助詞「から・ながら・が・のに・ところで・ので・て」**

主に用言・助動詞のあとに付いて、前後の文節や文をつなぎます。

例 音楽を聴《き》きながら（動作の並行）食事をする。　値段は高いが（逆接）、買う。

③**副助詞「は・も・こそ・さえ・しか・ばかり・など・まで」**

いろいろな語のあとに付いて、さまざまな意味を添えます。

例 妹は（主語（題目））ピアノが得意だ。　泣いてばかり（限定）いる。

④**終助詞「か・なあ・な・ね・よ・さ・ぞ・とも・の」**

文や文節の終わりに付いて、話し手・書き手の気持ちを示します。

例 一緒《いっしょ》に来てくれるよね（念押《ねんお》し）。　今年は優勝するぞ（強い念押し）。

【格助詞「の」の識別】

部分の主語	例 彼《かれ》の書いた小説だ。	「が」と言い換《か》えられる。 ↓彼が書いた…
体言の代用	例 妹は歌うのが得意だ。	「こと・もの」と言い換えられる。 ↓歌うことが…
連体修飾《しゅうしょく》語	例 近隣《きんりん》の住民と交流する。	体言と体言に挟《はさ》まれている。

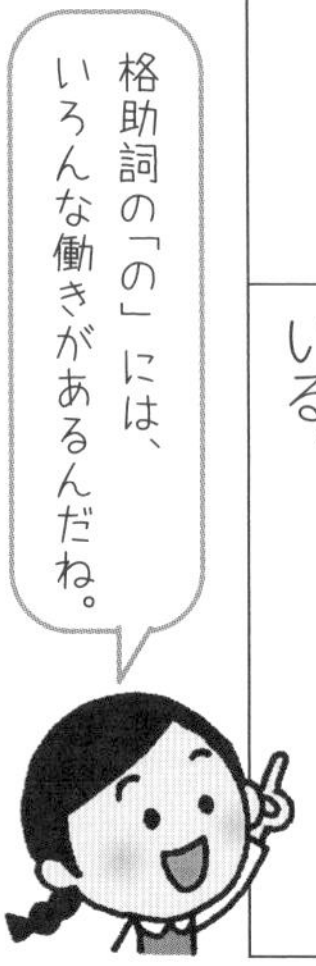

答えは別冊4ページ

1 **次の各問いに答えましょう。**

(1) 次の各文の――線部「から」のうち、一つだけ助詞の種類が異なるものを選び、記号で答えましょう。

ア 駅から徒歩で二十分の距離《きょり》にある。

イ この件は私から彼に話しておく。

ウ 気味が悪いから近づきたくない。

エ 最初から最後まで楽しめる物語だ。

(2) (1)で選んだ「から」の助詞の種類を答えましょう。

2 **次の各文の――線部「に」のうち、格助詞に当たるものを一つ選び、記号で答えましょう。**

ア 先生にクラス写真を撮《と》ってもらう。

イ 人の話を聞くときは静かにしよう。

ウ 漢字が多いのに読みやすい文章だ。

3 **次の各問いに答えましょう。**

(1) 次の文の――線部「私たちは死ぬまで飲食から逃《のが》れられない」の中には、助詞が三つあります。それらを全てそのまま書き抜きましょう。 〔愛媛県〕

サプリメントや点滴《てんてき》も広い意味での飲食なので、私たちは死ぬまで飲食から逃れられないことになる。

(2) 次の文中のA～Cの――線部「の」のうち、他と働きの異なるものを一つ選び、記号で答えましょう。 〔大阪府〕

今週Aの土曜日に、駅前Bのホールで、私Cの好きな歌手がコンサートを行う予定だ。

ミス注意

3 (2)格助詞「の」には、「部分の主語」「体言の代用」「連体修飾語」の働きがある。A～Cがそれぞれどれに当たるか、34ページの識別のしかたを基に判断しよう。

学習した日 ／

もう一度

バッチリ！

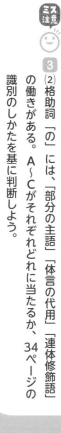

12 助詞 付属語―助詞の識別②

【「で」の識別】

格助詞	例 プールで泳ぐ。	**体言**に付いている。
接続助詞「て」の濁音《だくおん》化	例 本を読んでいる。	動詞の**音便形**に付いている。
形容動詞の活用語尾《ごび》	例 実に愉快《ゆかい》である。	「**〜な**」の形にして**体言**に続けられる。→愉快な話
断定の助動詞	例 兄は教師である。それは事実ではない。	「**だ**」に言い換《か》えて文として言い切ることができる。→…教師だ。…事実だ。

【副助詞「も」の識別】

強調	例 駅まで一時間もかかる。	直前に程度を表す言葉が付くことが多い。
同類	例 英語も読める。	上に「○○**以外に**」という言葉が付くことが想像できる。
並《へい》立《りつ》	例 姉も兄も学生です。	「**〜も〜も**」の形になっている。

【副助詞「ばかり」の識別】

程度	例 復旧には三日ばかり要する。	「**ほど・くらい**」に言い換えられる。→三日ほど
限定	例 漫画《まんが》ばかり読んでいる。	「**だけ**」に言い換えられる。→漫画だけ
状態	例 あふれんばかりの妹の笑顔《えがお》。	「**今にも〜（し）そう**」に言い換えられる。→今にもあふれそう
動作の完了《かんりょう》	例 たった今、旅行から帰ったばかりだ。	「**〜して間もない**」に言い換えられる。→帰って間もない

【副助詞「さえ」の識別】

限定	例 私は本さえあれば退《たい》屈《くつ》しない。	「**だけ**」に言い換えられる。→本だけ
類推	例 あまりの疲労《ひろう》に、もはや歩くことさえできない。	「**すら**」に言い換えられる。→歩くことすら
添《てん》加《か》	例 今日は暑いだけでなく湿気《しっけ》さえある。	「**までも**」に言い換えられる。→湿気までも

答えは別冊4ページ

1 **次の各文の――線部「で」のうち、格助詞に当たるものを一つ選び、記号で答えましょう。**

ア よくかんで食べなさい。
イ この布は手触《てざわ》りがなめらかである。
ウ 将来の夢はパイロットである。
エ デパートで買い物をする。

2 **次の各文の――線部「ばかり」の意味・用法をあとから一つずつ選び、記号で答えましょう。**

(1) 風船がはちきれんばかりに膨《ふく》らむ。
(2) 毎日サッカーの練習ばかりしている。
(3) ついさっき宿題を終えたばかりだ。
(4) 手伝ってくれる人を十人ばかり集める。

ア 程度　イ 限定
ウ 状態　エ 動作の完了

3 **次の各問いに答えましょう。**

(1) 次の文の――線部「も」と品詞が同じものを、あとから全て選び、記号で答えましょう。〔岡山県〕

皆《みな》さんが今座っている椅子《いす》も、テーブルも、手に持っているシャープペンシルも、ノートも、この部屋の空間も、学校の建築も、すべてデザインされたものだ。

友達ア(が)困ってイ(い)たウ(の)でエ(、)優しくオ(声)をカ(かけた)。

(2) 次の文の――線部「さえ」と同じ意味・用法で使われているものを、あとから一つ選び、記号で答えましょう。〔富山県〕

チンパンジーのような人間に極めて近いと考えられている動物でさえ、物を見せてその名前を呼ぶような教え方では決して言葉を学びません。

ア 近くでさえ旅行は楽しい。
イ 星はもちろん月さえ見えない。
ウ 読書さえできれば幸せだ。
エ 寒い上に風さえ吹《ふ》きはじめた。

学習した日　／
もう一度　バッチリ！

13 付属語―助動詞の識別①

助動詞は、**活用する付属語**で、用言や体言などのあとに付いていろいろな意味や、話し手・書き手の判断を添《そ》えたりします。

【助動詞の特徴《とくちょう》】

用言・体言、他の助動詞などのあとに付きます。

例 昨晩は寒かった。（用言（形容詞））　姉はピアニストだ。（体言（名詞））
父に叱《しか》られました。（用言（動詞））

助動詞は、一文節に複数あることもあるよ！

【助動詞の意味による分類】

意味	助動詞	意味	助動詞	意味	助動詞
受け身・可能・自発・尊敬	れる・られる	**使役《しえき》**	せる・させる	**希望**	たい・たがる
否定（打ち消し）	ない・ぬ（ん）	**推量・意志・勧誘《かんゆう》**	う・よう	**過去・完了《かんりょう》・存続・想起**	た
丁寧《ていねい》	ます	**推定**	らしい	**推定・例示・比喩《ひゆ》（たとえ）**	ようだ・ようです
推定・様態 **伝聞**	そうだ・そうです	**否定の推量・否定の意志**	まい	**断定**	だ・です

【「ない」の識別】

否定の助動詞	例 蓋《ふた》が開かない。	「**ぬ**」と言い換《か》えられる。 ↓蓋が開かぬ。
形容詞	例 今日は宿題がない。	直前で文節に区切れる。
補助形容詞	例 私はもう若くない。	直前に「**は・も**」を補える。 ↓若くはない。
形容詞の一部	例 まだ使える物を捨てるのはもったいない。	「**ぬ**」と言い換えられず、「**は・も**」も補えない。

【助動詞「う・よう」の識別】

推量	例 明朝は寒かろう。 例 いつか芽が出よう。	「**たぶん**」を前に補える。 ↓たぶん寒かろう たぶん出よう
意志	例 電車で行こうと思う。 例 私が道案内しよう。	「**〜つもりだ**」と言い換えられる。 ↓行くつもりだ 道案内するつもりだ
勧誘	例 一緒《いっしょ》に駅まで歩こう。 例 君もやってみよう。	あとに「**〜よ**」や「**〜か**」を補える。

推定・例示・比喩の助動詞「ようだ・ようです」の一部とも間違《まちが》えやすいから気をつけよう！

基本練習

答えは別冊4ページ

1 **次の各文の――線部は、助動詞として何の意味を表しますか。あとから一つずつ選び、記号で答えましょう。**

(1) 週末は遊園地に行きたい。

(2) 今日の掃除《そうじ》当番は私だ。

(3) 日程について説明します。

(4) 所定の欄《らん》に氏名を書かせる。

ア 断定　**イ** 丁寧　**ウ** 使役
エ 希望　**オ** 勧誘　**カ** 伝聞

2 **次の文の――線部ア～エのうち、助動詞を一つ選び、記号で答えましょう。**

外はまだ雨がア強く降ってイいるが、明日の朝ウまでにはやむだろエう。

3 **次の各問いに答えましょう。**

(1) 次の文の――線部「ない」と同じ品詞であるものを、あとから一つ選び、記号で答えましょう。〔新潟県〕

森の中はとても静かで物音ひとつ聞こえない。

ア 次の目的地はそれほど遠くない。
イ 姉からの手紙がまだ届かない。
ウ この素材は摩擦《まさつ》が少ない。
エ 私はその本を読んだことがない。

(2) 次の文の――線部「よう」と同じ意味・用法で使われているものを、あとから一つ選び、記号で答えましょう。〔大分県〕

文字を大切にしようと思いました。

ア 今日はとても寒いので、厚手の服を着よう。
イ A君のように、英会話の勉強を頑張《がんば》りたい。
ウ 来週から、体育館で部活動が行えるようだ。
エ まるで桜の花びらのように、空に雪が舞《ま》う。

学習した日
／
もう一度
バッチリ!

助動詞

14 付属語――助動詞の識別②

【助動詞「れる・られる」の識別】

受け身	例 先生から褒《ほ》められる。	「**〜することをされる**」と言い換《か》えられる。↓褒めることをされる
可能	例 このシャツはまだ着られる。	「**〜することができる**」と言い換えられる。↓着ることができる
自発	例 故郷の美しい山並みが思い出される。	「**自然に**」を前に補える。↓自然に思い出される
尊敬	例 朝礼で校長先生が話される。	「**お〜になる**」と言い換えられる。↓お話しになる

【助動詞「そうだ」の識別】

伝聞	例 明日は雪が降るそうだ。	活用語の**終止形**に付いている。
推定様態	例 明日は雪が降りそうだ。	活用語の**連用形**または**語幹**に付いている。

【助動詞「ようだ」の識別】

推定	例 友人が第一志望校に合格したようだ。	「**どうやら〜らしい**」と言い換えられる。↓どうやら合格したらしい
比喩《ひゆ》（たとえ）	例 夢のような話だ。	「**まるで**」を前に補える。↓まるで夢のような…
例示	例 兄のようにサッカーがうまくなりたい。	「**例えば**」を前に補える。↓例えば兄のように…

【「らしい」の識別】

推定の助動詞	例 明日は雪が降るらしい。	「**どうやら〜（の）ようだ**」と言い換えられる。↓どうやら雪が降るようだ
接尾語《せつび》の「らしい」	例 学生らしい身なりを心がける。	「**いかにも**」を前に補える。↓いかにも学生らしい
形容詞の一部	例 実にすばらしい発想だ。	「**らしい**」がないと意味が通らない。

答えは別冊4ページ

1 **次の各文の――線部は、助動詞として何の意味を表しますか。あとから一つずつ選び、記号で答えましょう。**

(1) おはじきをまいたような星空だ。 □

(2) 父は先ほど駅に到着《とうちゃく》したようだ。 □

(3) あの有名な冒険《ぼうけん》家のように世界中を旅したい。 □

ア 例示
イ 推定
ウ 比喩（たとえ）

2 **次の文の――線部ア～ウのうち、助動詞を一つ選び、記号で答えましょう。**

公園の砂場で、子どもらしいア無邪気《むじゃき》な様子で遊んでいるかわいらしいイ男の子は、来月で四歳《さい》になるらしいウ。 □

3 **次の各問いに答えましょう。**

(1) 次の文の――線部「呼びとめられた」の「られ」と同じ意味で用いられている「られ」または「られる」を含《ふく》むものを、あとから一つ選び、記号で答えましょう。〔佐賀県〕

門の前でユリに呼びとめられた。

ア 秋の月夜は、なぜか寂《さび》しさが感じられる。
イ 友人からの励《はげ》ましの言葉に助けられた。
ウ 校長先生が、出張から戻《もど》って来られた。
エ 満腹状態でも、デザートなら食べられる。 □

(2) 「今にも雨が降りそうだ。」の――線部と文法的に同じ意味・用法のものを一つ選び、記号で答えましょう。〔栃木県〕

ア 目標を達成できそうだ。
イ 彼《かれ》の部屋は広いそうだ。
ウ 祖父母は元気だそうだ。
エ 子犬が生まれるそうだ。 □

ミス注意 **3** (2) 「そうだ」が付いている用言の活用形に注目しよう。

学習した日 ／
もう一度
バッチリ！

実戦テスト 2

答えは別冊5ページ

2章 文法

得点 ／100点

1

次の文の――線a、bの文節と文節の関係として適切なものを、あとから一つ選び、記号で答えましょう。 8点［山口県］

a細密に b描《えが》かれた鉛筆《えんぴつ》の下書きの上に、慎重《しんちょう》に絵の具が塗《ぬ》り重ねられていた。

ア 主語・述語の関係
イ 修飾《しゅうしょく》・被《ひ》修飾の関係
ウ 並立《へいりつ》（対等）の関係
エ 補助の関係

□

2

次の文の――線部「午後は」は、どの文節を修飾していますか。あとから一つ選び、記号で答えましょう。 8点［三重県］

午後は部屋で漫画《まんが》を読んだ。

ア 部屋で　イ 漫画を　ウ 読んだ

□

3

次の文の――線部「全く」の品詞名として適切なものを、あとから一つ選び、記号で答えましょう。 8点［三重県］

現実世界は全く変わらない。

ア 副詞　イ 連体詞　ウ 接続詞
エ 形容詞　オ 形容動詞

□

4

次の文の――線部「話し」と活用形が同じ動詞を、あとから一つ選び、記号で答えましょう。 12点［新潟県］

友人と夏休みの思い出について話した。

ア 地図を見れば、駅までの経路がわかる。
イ 春が来ると、雪が溶《と》けて草木が芽吹《めぶ》く。
ウ 今度の週末は、図書館に行こうと思う。
エ 窓を開けて、部屋の空気を入れ換《か》える。

□

5

次の文の――線部「きれいに」と同じ品詞の語を含《ふく》むものは、あとのア～エのどれですか。一つ選び、記号で答えましょう。 12点［岩手県］

部屋のなかはきれいに片づいている。

アとても穏《おだ》やかな　イ春の日に　ウ美しい桜の　エ写真を撮《と》る。

□

6

次の文の――線部「いかなければならない」の「なけれ」と「ない」の品詞の組み合わせとして適切なものをあとから一つ選び、記号で答えましょう。 10点［三重県］

遠くまで水を汲《く》みにいかなければならない不便さをなくそうとするものです。

ア 「なけれ」―動詞　「ない」―形容詞
イ 「なけれ」―形容詞　「ない」―助動詞
ウ 「なけれ」―形容動詞　「ない」―形容詞
エ 「なけれ」―助動詞　「ない」―助動詞

□

7

次の文を単語に分けて、それぞれの語の品詞を順に示したものとして適切なものを、あとから一つ選び、記号で答えましょう。 12点［京都府］

ますます増えています。

ア 副詞＋動詞＋助詞＋動詞
イ 副詞＋動詞＋助詞＋動詞＋助動詞
ウ 連体詞＋動詞＋助詞＋動詞
エ 連体詞＋動詞＋助詞＋動詞＋助動詞

□

8

次の文の――線部「の」と同じ意味・用法の「の」を、あとから一つ選び、記号で答えましょう。 10点［岐阜県］

たいていのひとは、そのひとの人生の条件を、ほかの誰《だれ》かに整えてもらっています。

ア 友人の作ったケーキを食べる。
イ 何時に帰ってくるの。
ウ 学校の宿題に取り組む。
エ 外を歩くのが好きだ。

□

9

次の文の――線部「よう」と同じ意味で用いられている「よう」を含む文を、あとから一つ選び、記号で答えましょう。 10点［神奈川県］

見方を変えようとする。

ア 妹はすでに出かけたようだ。
イ 明日は早く起きようと思っている。
ウ 週末は一緒《いっしょ》に映画を見ようよ。
エ 雨が滝《たき》のように降っている。

□

10

次の文の――線部「いられる」の「られる」と同じ働きのものを、あとから一つ選び、記号で答えましょう。 10点［長崎県］

大して知らないのに「知ってるつもり」でいられるのを不思議に思われるかもしれません。

ア 先生から声をかけられる。
イ 母のことが案じられる。
ウ これくらいなら覚えられる。
エ お客さまが来られる。

□

合格につながるコラム③

ポイントをしぼった学習で得点アップ！

間違えやすい「連体詞」の識別

連体詞とそのほかの品詞を混同しないように注意する

高校入試の文法問題では、識別の問題がよく出題されます。助詞や助動詞の識別も多く出題されますが、連体詞の識別も問われやすい内容です。

連体詞とは活用しない自立語で、休言や休言を含む文節を修飾します。28ページで連体詞の見分け方を説明しましたが、間違えやすい連体詞についてまとめました。違いと見分け方を確認して覚えましょう。

連体詞の識別のしかた

ある	今日は塾がある日だ。	…「存在する」と言い換えられる	➡動詞「ある」
	書店である本を買う。	…「存在する」と言い換えられない	➡連体詞「ある」
	靴が脱いである。	…直前が「～て（で）」という形	➡補助動詞「ある」
～な	大きな花束をもらう。 小さな犬を飼う。 おかしな顔をする。 いろんな人がいる。	…「～な」を「～だ」の形にできない	➡連体詞
	ゆかいな話を聞く。 きれいな色のシャツを買う。	…「～な」を「～だ」の形にできる	➡形容動詞

読解の記述問題を対策しよう

たくさんの問題に触れ、時間配分の感覚や、キーワードを見抜く力を身につける

読解問題の中でも一番配点が高いのが、記述式の問題です。解き方を理解した上で早くから多くの問題に触れ、ライバルと大きく差をつけましょう。

記述式の問題は、問われている内容を正確に読み取り、得点の決め手となるキーワードを盛り込みながら、時間内に文章にまとめる力が問われます。文章の要点やキーワードを早く正確に読みとく力、問われている内容を理解し時間内にアウトプットする力を、問題を解く中でつけていきましょう。

キーワードは、ここに注目して捉えよう！

説明的文章	・文章中に多く出てくる言葉 ・筆者の考えが書かれた部分で使われている言葉
文学的文章	・様子や心情を表す言葉 ・性格を表す言葉

入試本番の記述式の問題では、必要なキーワードが入っていれば、部分点がもらえることがあるよ！

3 章

読解

15 小説 場面や情景を読み取るには？

小説における情景描写《びょうしゃ》には、主人公をはじめとする登場人物の心情が投影《とうえい》されていることがあります。情景を含《ふく》めた場面の読み取りは、作者の想像世界である小説を理解するときの重要な手がかりになります。

【場面・情景の捉《とら》え方】

①出来事をつかむ

・**いつ・どこで・誰《だれ》が・何をした**か。

②自然描写をつかむ

・**どんな季節の・どんな場所**の話か。

③登場人物の背景をつかむ

・話の流れを追いながら、具体的な出来事と自然描写をつかみ、登場人物に着目する。

・**登場人物が置かれている立場・状況《じょうきょう》**はどうなっているか。

④頭の中で映像化する

・捉えた場面・状況の内容を、頭の中で**具体的に映像化するとどうなる**か。

次の文章を例に、場面や情景を考えてみましょう。

> あたりはもう充分《じゅうぶん》に明るい。朝焼けの薔薇《ばら》色もすでに薄《うす》れ、青みのほうが強くなっている。（中略）農家の朝はとっくに始まっているのだ。大きく深呼吸をしてから、雪乃《ゆきの》は、やっぱり走りだした。
>
> （村山由佳《むらやまゆか》「雪のなまえ」〈徳間書店〉より）

明るい情景

詳しい描写→早朝から少し時間がたっている情景

場所と時間→農家の朝

登場人物は雪乃で、

急いでいる様子

右の文章からは、さまざまな作業がすでに始まっている農家の朝の情景であること、雪乃という登場人物が急いでいる場面であることが読み取れます。

このように一つ一つの表現からわかることを積み上げながら全体をイメージしていくことが、場面や情景の読み取りにつながっていきます。

答えは別冊5ページ

次の文章を読んで、下の問いに答えましょう。


「おはよ。ねえ、シゲ爺《じい》は?」

「さっき出かけてっただわ」

「うそ、なんで?」

ほんのちょっと声をかけてくれたらすぐ起きたのに、どうして置いていくのか。部屋を覗《のぞ》いた曾祖父母《そうそふぼ》が、〈よーく眠《ねむ》ってるだわい〉〈可哀想《かわいそう》だからこのまま寝《ね》かせとくだ〉などと苦笑し合う様子が想像されて、地団駄《じだんだ》を踏《ふ》みたくなる。

「どうして起こしてくんなかったの? 昨日あたし、一緒《いっしょ》に行くって言ったのに」

するとヨシ江《え》は、スポンジで茶碗《ちゃわん》をこすりながら雪乃《ゆきの》をちらりと見た。

「起こそうとしただよう、私は。けどあのひとが、ほっとけって言うだから」

「……え?」

「『雪乃が自分で、*まっと早起きして手伝うから連れてけって言っただわ。こっちが起こしてやる必要はねえ、起きてこなけりゃ置いてくまでだ』って」

心臓が硬《かた》くなる思いがした。茂三《しげぞう》の言うとおりだ。

無言で洗面所へ走ると、超特急《ちょうとっきゅう》で顔を洗い、歯を磨《みが》き、部屋へ戻《もど》ってシャツとジーンズに着替《きが》えた。ぼさぼさの髪《かみ》をとかしている暇《ひま》はない。ゴムでひとつにくくる。

土間で長靴《ながぐつ》を履《は》き、

「行ってきます!」


(村山由佳《むらやまゆか》「雪のなまえ」〈徳間書店〉より)

*まっと……もっと。

---

(1) この文章は、いつ、誰《だれ》が、どうした場面を描《えが》いていますか。簡潔に書きましょう。

〔　　　　〕

(2) ――線部「無言で洗面所へ走ると……ジーンズに着替えた。」という表現について述べたものとして最も適切なものを次から一つ選び、記号を○で囲みましょう。〔22 東京都〕

ア 早く出かけたいというあせりから不安へと気持ちが変化する様子を、丁寧《ていねい》に描写《びょうしゃ》することで、説明的に表現している。
イ 自分の甘《あま》えに気づき急いで身支度《みじたく》する様子を、場面の描写を短く区切りながら展開することで、印象的に表現している。
ウ 遅《おく》れを取り戻《もど》したくて速やかに動く様子を、同じ語句の繰《く》り返しとたとえを用いることで、躍動《やくどう》的に表現している。
エ 情けない思いで押《お》し黙《だま》って出かける準備をする心情や様子を、細部まで詳《くわ》しく描くことで、写実的に表現している。

学習した日 ／
もう一度
バッチリ!

16 小説 人物の心情を読み取るには？

小説では、登場人物の心情を細やかに読み取ることが、主題の読解へとつながっていきます。

【心情の捉《とら》え方】

①心情を表す直接的な表現に着目する

例「悲しい」「胸をときめかす」「〜と思う」

②人物の外面を描写《びょうしゃ》する表現に着目する

・**表情**・**態度**（様子）・**行動**　など

③人物の言葉に着目する

・**会話の内容**や**口調**、**やり取りの様子**など

④心情を暗示する情景描写に着目する

・**明るい情景描写**…喜びを表現

・**暗い情景描写**…悲しみや不安を表現

・**比喩《ひゆ》**（たとえ）には特に注意

次の文章を例に、心情を考えてみましょう。

〈泳ぎの勝負のあと、それを見ていた二人の会話である。〉

「東京のスイミングクラブってたいしたことねえな」（負けたほうを軽く見ている。）

龍之介《りゅうのすけ》が信司《しんじ》にこそっと言う。（悪口を聞かれたくない。）

「龍ちゃんてば！『二人ともすげえな〜』って言ってたじゃん！」（信司に本当の気持ちを暴露《ばくろ》されて、あわてる。）

「うるせえ、だまれ」（本心を知られてしまい、はずかしい。）

龍之介は赤くなって信司の口を押《お》さえた。

（高田由紀子《たかだゆきこ》「スイマー」〈ポプラ社〉より）

会話が中心の右の文章からは、龍之介のさまざまな心情が読み取れます。それらを総合すると、本心ではすごいと思いつつも、それを隠《かく》すような言動をしてしまう、素直《すなお》になれない龍之介の心情が浮《う》かび上がります。

このように一つ一つの内容をつなげて全体をイメージすることが、心情の読み取りでは重要です。

基本練習

答えは別冊5ページ

次の文章を読んで、下の問いに答えましょう。

「何でもそつなくこなせるって、いいじゃん」

そう言う香山《かやま》に、ぼくは首を横に振《ふ》った。

「長所もないんだよ。運動も勉強もなにもかも、とにかく普通《ふつう》でさ。特徴《とくちょう》ゼロ。そんな自分をずっとどうにかしたかったんだ」

「できないんじゃなくて、それなりにできるんだろう。それってそんなに悩《なや》まないといけないことか?」

①香山は腑《ふ》に落ちない顔をする。

「そう言われたらそうかもしれないけど、でも、ぼくの家は親も姉もみんな何かができて、そのせいか、平凡《へいぼん》なことがものすごくつまらなく感じて。だから、人の心が読めるって言われた時、ようやく何か特別なものを与《あた》えられたようで、それに飛びついてた」

中学や高校の時のぼくは、走るのを辞めた時の香山と同じように無知で、自分の能力を信じこめる力があった。

(中略)

②「人の心が読める」そんなの、共に時間を重ねれば、誰《だれ》でもできることだ。完全に正しく他人をわかることは不可能だ。けれど、一緒《いっしょ》にいれば相手が何を考えているのか、どんな気持ちでいるのか、気づけることだってある。そんなごく当たり前のことを、自分の力だと信じないと進めないくらいに、ぼくは何も持っていなかった。

(瀬尾《せお》まいこ「掬《すく》えば手には」〈講談社〉より)

〔富山県・改〕

(1) ——線部①「香山は腑に落ちない顔をする」とありますが、どのような気持ちをもったことを表していますか。簡潔に答えましょう。

(2) ——線部②「『人の心が読める』そんなの、共に時間を重ねれば、誰でもできることだ」とありますが、「人の心が読める」とはどのようなことだと「ぼく」は考えていますか。それを説明した次の文の(A)・(B)に入る言葉を、本文中の言葉を使って簡潔に答えましょう。

他人のことを(A)はできないが、一緒にいれば(B)ができるということ。

A

B

学習した日 ／

もう一度

バッチリ!

17 随筆

筆者の思いを読み取るには？

随筆《ずいひつ》は、
- 筆者の体験や見聞といった**事実**をもとに、
- 考えや思いなどの**意見・感想**を、
- 自由な形で、

書いた文章です。エッセイともよばれます。

【随筆の組み立て】

次のような構成の作品が多く見られます。

体験や見聞 → それについての意見・感想 → まとめ

【筆者の思いを読み取る際のポイント】

- 体験や見聞のどんな点を書いているか。
- 繰《く》り返し出てくるキーワードはあるか。
- まとめに当たる部分があるか。
- **題名が内容や筆者の思いを表していないか。**

次の文章を例に、筆者の思いを考えてみましょう。

〈筆者は、『童子問《どうじもん》』という、江戸《えど》時代に刊行された学問の道筋と心構えを講じた木版本を読んでいた。〉

行間や上部の欄外《らんがい》に、朱《しゅ》をまじえた丁寧《ていねい》な細字で、おそらくは子弟のためと思われる書き入れがなされてあり、①はるか後世のおぼつかない後学には、それが②ことのほかありがたかった。その書き入れにはまた、もうひとつ別の効用もあった。読んでいると、何事もゆるがせにしない古人の精神が乗り移りでもしたものか、こちらも③いくらか＊粛然《しゅくぜん》とした気持《きもち》になるのだ。

＊粛然…つつしんでかしこまる様子。

（鶴ケ谷真一《つるがやしんいち》「増補　書を読んで羊を失う」〈平凡社〉より）

子弟のための丁寧な書き入れを目にした筆者は、自身を「はるか後世のおぼつかない後学」と卑下《ひげ》しながらも（①）、自身の勉強にもなったというありがたい思い（②）と、古人に対してかしこまる思い（③）をつづっています。

答えは別冊6ページ

次の文章を読んで、下の問いに答えましょう。

［大阪府］

〈筆者は、『童子問《どうじもん》』という古い木版本を手にした。〉

はじめ、木の葉のはさまれているのを目にしても、さして気にはならなかった。二つ折《おり》にして綴《と》じられた紙のすきまに、葉はひそませるようにしてはさみ込《こ》んである。しばらくするうちに、どうもそれが尋常《じんじょう》ではないような気がしてきた。二、三丁めくると、必ずひそませてある葉が、薄《うす》い和紙を透《すか》して見てとれる。とても何かのよすがに、などというものではない。いったい誰《だれ》が何のためにと考えているうちに、次々と見つかるその黒ずんだ葉が、何かいとわしいものに思えてきて、見つけ次第、窓から投げ棄《す》てていった。木の葉は実に久方ぶりに、戸外を吹《ふ》きすぎる風に舞《ま》ったことになる。（中略）

ところが最近、たまたま荷風《かふう》*1の随筆《ずいひつ》『冬の蠅《はえ》』所収の「枯葉《かれは》の記」を読んでいて、次のような一節にいたったとき、図らずもその疑問は氷解したのだった。（中略）

そうか、あれは紙魚《しみ》*2を防ぐためのものだったのか。ひとたび分かってみれば、そんな自明とも思われることになぜ気づかなかったのか、我ながら不思議なほどだった。まことに、ものを知らない人間には知る喜びがある。あの枯葉は、はるか昔、今よりもずっと貴重であった本をいとおしんだ心遣《こころづか》いの、かすかな痕跡《こんせき》であったのだ。丹念《たんねん》に木の葉を本のあいだにさしはさんでいた、さも克明《こくめい》そうな人物にたいして、親しみに似た感情を覚えはじめた。あのとき風に飛ばしてしまった枯葉をさえ、にわかに惜《お》しむような気持《きもち》になった。

（鶴《つる》ケ谷《がや》真一《しんいち》「増補　書を読んで羊を失う」〈平凡社〉より）

＊1荷風……永井《ながい》荷風。明治～昭和期の小説家・随筆家。
＊2紙魚……書籍《しょせき》などを食いあらす、体長一センチメートルほどの虫。

● ――線部「にわかに惜しむような気持になった」とありますが、筆者がこのような気持ちになった理由を、次のようにまとめました。［a］に入る内容を、本文中の言葉を使って二十字以上三十字以内で書きましょう。また、［b］、［c］に入れるのに最も適しているひと続きの言葉を、それぞれ本文中から［b］は九字、［c］は六字で書き抜《ぬ》きましょう。

「枯葉の記」の一節にいたったとき、かつて筆者が手にしていた『童子問』の間に［a］ということが分かり、［b］と思えて風に飛ばしてしまった枯葉は、はるか昔の人物が今よりもずっと貴重であった本をいとおしんだ［c］であったと思ったから。

a

b

c

18 文章の主題を読み取るには？

小説／随筆

小説や随筆《ずいひつ》の主題とは、筆者が作品を通して訴《うった》えようとしている中心的な考え方や意図のことです。

【主題の捉《とら》え方】

小説…**クライマックス**や、**登場人物の心情・人物像**に着目して読み取る。

随筆…①**事実**と**意見・感想**を区別する。

書かれている内容の中心が、筆者の体験・見聞などの事実か、筆者の意見・感想か、段落ごとに捉えましょう。

②**意見・感想**が書かれた部分から、筆者の考えや思いの中心を読み取る。

意見・感想が書かれた段落に着目し、文章の主題（最後のほうの段落にまとめられていることが多い）を捉えます。

次の文章を例に、主題を考えてみましょう。

①砂漠《さばく》は現代の文明社会に生きる人びとにとって、一種の鏡の国と言ってもいいような気がする。私は砂漠に身を置くたびに、ある探検家がしみじみと洩《も》らしたつぎのことばをかみしめる。

②「砂漠とは、そこへ入りこむさきには心配で、そこから出て行くときにはなんの名残《なごり》もない、そういう地域である。砂漠には何もない。ただ、その人自身の反省だけがあるのだ」

③私は、砂漠に自分自身の姿を見に行くのである。

（森本哲郎《もりもとてつろう》「すばらしき旅」〈ダイヤモンド社〉より）

筆者は、砂漠は「一種の鏡の国」であるという自身の考え（①）を述べています。

そのうえで、探検家の「ことば」（②）を引用してその考えを補強し、最後の段落で、砂漠は「自分自身の姿を見に行く」場所であるという主題（③）を述べています。

答えは別冊6ページ

次の文章を読んで、下の問いに答えましょう。

〈「僕《ぼく》」が一年ほどニューヨークで生活していたとき、地元の書店で簡単な原書を読むようになった。それは未知の世界に入っていく瞬間《しゅんかん》のようで、以前どこかで体験した感覚に似ていた。〉

中学三年のとき、僕は書店に頻繁《ひんぱん》に行くようになった。読書家の友人の影響《えいきょう》だった。

「大人になったら、オレは小説家になる」

友人は真顔でそんなことを口にするような男で、彼《かれ》に連れられて地元の駅前の木造建ての建物の二階にある書店に向かった。

文庫本を、初めて手にとった。（中略）

いままで自分がまったく知らなかった世界を、友人が深く知っていることをとてもとてもうらやましく思い、自分もできることならそれらを知りたかった。自分でも不思議なほど強くそう思った。（中略）

それまで本なんて教科書以外ほとんど読んだこともなかったし、読んでみようなんて気にもならなかったのに、①その日を境にして僕の生活は明らかに変わった。

書店に行くようになったし、いつでも文庫本をカバンの中に入れ、少しでも時間があると開くようになった。しばらくすると、友人と読んだ本の話など当たり前のようにするようになった。

ニューヨークでまるで知らない本が並んだ棚《たな》を目の前にしたとき、あの駅前の小さな書店の文庫本の列の前に立った②中学三年だった自分に思いがけず出会ったのだ。

（小林紀晴《こばやしきせい》「旅をすること」〈エレファントパブリッシング〉より）

(1) ――線部①「その日を境にして僕の生活は明らかに変わった」とありますが、筆者の生活はどのように変わりましたか。簡潔に答えましょう。

［　　　　　　　　］

(2) ――線部②「中学三年だった自分に思いがけず出会ったのだ」とありますが、本文において、「ニューヨークの書店で中学三年だった自分に出会った」とはどのようなことを表していますか。それをまとめた次の文の□に入る内容を、本文中の言葉を使って十五字以上二十字以内で書きましょう。［大阪府］

中学三年のときに駅前の小さな書店で思った、いままで□ということを、ニューヨークの書店でも思ったということ。

学習した日　／
もう一度
バッチリ！

説明的文章

19 文章の流れをつかむには？ ――指示語

文章の内容や主題を理解するために、指示語の内容を正しく捉《とら》えることが重要です。

【指示語の例】

事物	場所	方向	状態		指定
これ	ここ	こちら	こんな	こう	この
それ	そこ	そちら	そんな	そう	その
あれ	あそこ	あちら	あんな	ああ	あの
どれ	どこ	どちら	どんな	どう	どの

【指示語の内容を捉える手順】

①指示語の前の部分に着目

指示語は基本的に、前の内容を指しています。

例 道で財布を拾った。それは黒い革製だった。（指示語）

※指示語は、直後の内容を指すこともあります。

例 父は急にこう言った。「明日は出かけるぞ！」（指示語）

②置き換《か》えて意味が通るかを確認

指示語の部分に、見当をつけた指示内容を置き換えてみて、文意が通るかを確かめます。

例 道で財布を拾った。財布は黒い革製だった。

――線部の指示語が指す内容を考えてみましょう。

> だから、僕《ぼく》ら人類は環境《かんきょう》問題を解決できる可能性を持っていると思う。いま、ある程度がまんすることで将来僕らや僕らの子孫たちが幸せになれるのなら、そういう選択《せんたく》ができる動物なのだ。
>
> （伊勢武史《いせたけし》「2050年の地球を予測する――科学でわかる環境の未来」〈筑摩書房〉より）

まず、――線部の前の部分に着目します。次に、置き換えて意味が通る部分を過不足なく抜《ぬ》き出し、言葉を補います。

↓「そういう選択」＝「いま、ある程度がまんするという選択」

答えは別冊6ページ

次の文章を読んで、下の問いに答えましょう。

人間はもともと利己的に振舞《ふるま》うものだ。これは否定のしようがない。人類の祖先は数百万年前に生まれて、それからずっと、つい一万年前くらいまでは、狩猟《しゅりょう》採集で食べものを得る原始時代（旧石器時代）のくらしを送っていた。農耕や牧畜《ぼくちく》がはじまる前の原始時代のくらしはたいへんきびしく、人類の人口はとても少なかった。彼《かれ》らは小さなグループをつくり広大な土地で食べものを探していたから、人口密度はとても低かったのである。

太古のむかしに思い*を馳《は》せてみよう。人口密度が極端《きょくたん》に低い時代の彼らにとって、地球のサイズは無限と考えても問題がなかった。どんなにがんばっても地球の資源を使いつくすことはできなかったのである。だから、ひたすらできる限りの資源の収奪《しゅうだつ》を行うことが、彼らにとってベストな戦略だったのだ。①原始時代のこのような環境では、現代のような環境問題は生じない。原始人がごみを捨てたところで、②それは広大な土地や水や大気ですぐに薄《うす》められてしまう。だから現代のような公害は発生しなかったのだ。だから原始人には、環境意識はなかなか生まれなかったことだろう。

（伊勢武史《いせたけし》「２０５０年の地球を予測する――科学でわかる環境の未来」〈筑摩書房〉より）

＊思いを馳せて……遠く離《はな》れたところの物事や人を思いやって。

(1) ――線部①「原始時代のこのような環境」とは、どのような環境ですか。その説明として適切なものを次から一つ選び、記号を○で囲みましょう。〔佐賀県〕

ア 狩猟採集が中心で食料の供給が安定しておらず、極端に人口密度が低いために、際限なく地球の資源を使える環境。

イ グループで戦略を立てることで、無限に広がる広大な土地から効率よく資源を見つけ、その資源を共有し合う環境。

ウ 人口が少なく、自由に生活様式を決められるため、自己の領域内であれば思い通りに資源を使うことができる環境。

エ 自分の生活を安定させることだけを目的として、自分が属するグループ内において資源の収奪が繰《く》り返される環境。

(2) ――線部②「それ」が指す内容を、簡潔に答えましょう。

［　　　　］

1章
2章
3章 読解
4章
5章
模試

学習した日 ／
もう一度
バッチリ！

20 説明的文章 文章の流れをつかむには？ ――接続語

接続語とは、語句・文・段落などをつなぎ、それぞれの関係や文章の流れを示す言葉です。

【接続語の種類】

つなぎ方	働き	語句の例
順接	前の内容（原因・理由）の**順当な結果となる内容**が、あとに続く。	だから すると
逆接	前の内容とは**反する内容**、**逆の内容**などが、あとに続く。	しかし ところが
並立《へいりつ》・累加《るいか》	前の内容にあとの内容を、**並べたり**、**付け加えたり**する。	そして また
対比・選択《せんたく》	前後の内容を**比べたり**、どちらかを**選んだり**する。	それとも または
説明・補足	前の内容をあとの内容が**説明したり**、**補ったり**する。	つまり 例えば
転換《てんかん》	前の内容から**話題を変えたり**、**発展させたり**する。	ところで では

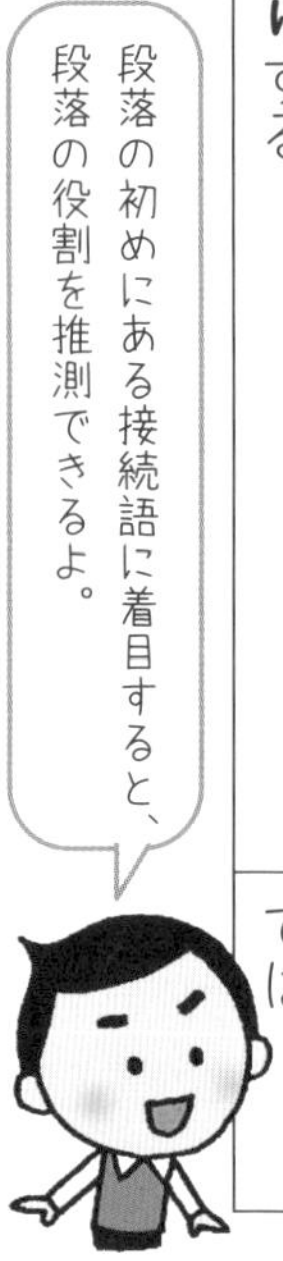
段落の初めにある接続語に着目すると、段落の役割を推測できるよ。

空欄《くうらん》に入る接続語を答える問題では、**空欄の前後の内容**を読み取ることが重要です。

例 駅まで走った。だから、電車に間に合った。
（前の内容の順当な結果の内容）

例 駅まで走った。しかし、電車に間に合わなかった。
（前の内容に反する内容）

次の文章を例に、□に入る接続語を考えてみましょう。

> 安心に比べれば、希望には、不安や不確実性がつきものです。□、みんなが安心を与《あた》えられることばかりを求めて、自分から模索《もさく》することを望まない社会なんて、実におもしろみのない社会です。
> （玄田有史《げんだゆうじ》「希望のつくり方」〈岩波書店〉より）

〈空欄の前〉……安心には確実性がある。
〈空欄のあと〉…みんなが安心を与えられることばかりを求める社会は、おもしろみがない。
（筆者の「安心」に対する評価）

↓

□には**逆接の接続語**（でも・しかしなど）が入る。

答えは別冊6ページ

次の文章を読んで、下の問いに答えましょう。

安心は、希望とは大きく異なるものです。安心が今日《こんにち》これだけ注目されるようになったのは、それだけ不安が広がっていることの裏返しです。将来の先行きが見えないとか、経済の不確実性が高まっているという思いが、安心を求める気持ちを強めているのです。

①では、どうすれば安心は得られるのでしょうか。[I]老後の生活の問題で、政府が「安心してください。年金は必ず受け取れます」といったとします。②しかし、それが確実に保証されているという見通しがなければ、安心はできません。安心には確実であることが欠かせない条件です。

それに対して希望は、先行きが確実にみえているわけではありません。むしろ希望は、きびしい状況《じょうきょう》のなかで、先がみえないからこそ、勇気をもって前に進むために必要とされるものです。(中略)

希望を持つとは、先がどうなるかわからないときでさえ、何かの実現を追い求める行為《こうい》です。安心が確実な結果を求めるものだとすれば、希望は模索《もさく》の過程(プロセス)そのものなのです。

不安が大きい社会では、つい確実なものを求めがちになります。[II]不安を招きやすい、変化の激しい時代には、かつて確実と思っていたものが、あっという間に役に立たなくなったりします。

〈玄田有史《げんだゆうじ》「希望のつくり方」〈岩波書店〉より〉

(1) 本文中の[I]、[II]には、それぞれどのような言葉が入りますか。適切な組み合わせを次から一つ選び、記号を○で囲みましょう。〔岩手県〕

ア I たとえば　II しかし
イ I たとえば　II つまり
ウ I あるいは　II しかし
エ I あるいは　II つまり

(2) ――線部①「では」の働きとして適切なものを次から一つ選び、記号を○で囲みましょう。

ア 前後の物事を比較《ひかく》する働き。
イ 同じ内容を言い換《か》える働き。
ウ 話題を新たに発展させる働き。
エ 順当な結果へと導く働き。

(3) ――線部②「しかし」と同じ働きをする言葉を、一つ書きましょう。

〔　　　　〕

学習した日　／
もう一度
バッチリ!

説明的文章

21 段落の構成・筆者の主張の読み取り

説明的文章の読解では、文章全体の構成をつかんで、**結論**を読み取ることが大切です。段落ごとに要点をつかみ、文章全体の構成を捉《とら》えることができると、筆者の主張が見えてきます。

【説明的文章の読解の手順】

①文章の話題を捉えます。

②段落（**形式段落**）の要点（大事な内容）をつかみます。

・形式段落…行の初めが一字下げで始まる、ひとまとまりの文章で構成された段落。

③段落を内容ごとに、大きな段落のまとまり（**意味段落**）に分けます。

・意味段落…意味のうえからひとまとまりとなる、一つもしくは複数の形式段落が集まった段落。

④文章全体の構成を捉えつつ、結論が書かれている部分を探します。

⑤筆者の主張を捉えます。

【段落の要点をつかむポイント】

段落の中心文（段落の内容をまとめている文）を探します。

中心文を探すポイント

・段落の初めや終わりにあることが多い。
・言い換《か》えられ、繰《く》り返される語句に注目する。
・具体例を簡潔にまとめている文に注目する。

【形式段落を意味段落にまとめるポイント】

それぞれの段落が表す内容をもとに、次のような意味のまとまりに分けます。

・話題を示す段落
・具体例を挙げる段落
・反論を述べる段落
・理由や根拠《こんきょ》を述べる段落
・結論を述べる段落
・新たな視点を提示する段落

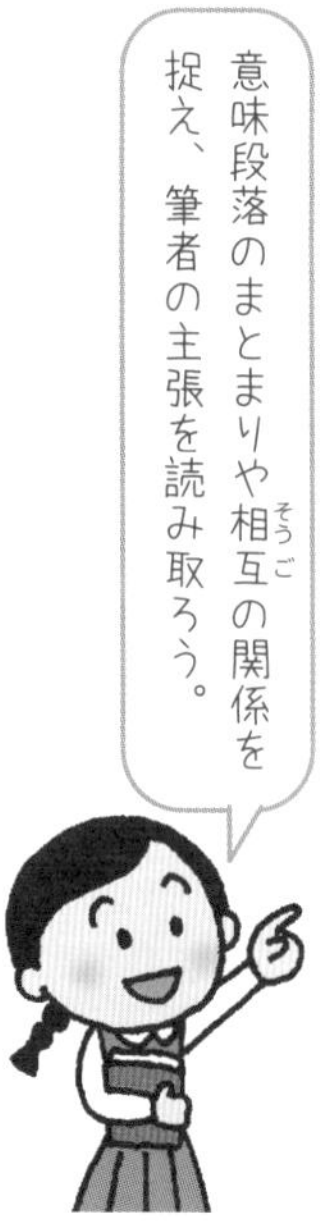
意味段落のまとまりや相互《そうご》の関係を捉え、筆者の主張を読み取ろう。

答えは別冊7ページ

次の文章を読んで、下の問いに答えましょう。

私たちが見方を変えるのは、自分にとって都合の悪いことが起こったときだ。（中略）アイデアに行き詰《づ》まったとき、人間関係がうまくいかないとき、日々の生活で困ったことが生じたとき。そしてその物事がどうにも変えられないとき、経験や知識の範囲《はんい》で私たちは見方を変えようとする。だがその場合に私たちが変えるのは自分自身への認識ではなく、表面的な物事の解釈《かいしゃく》であることが多い。

物事の解釈を変えることも見方を変えることではあるのだが、それは自分の欲求に合わせて都合よく見方を変える場合が多い。そこでの見方を方向づける欲求そのものは自分の深い部分で固定化しており、それには気づかない。私たちは物事の解釈を変更《へんこう》することで、日常の問題であれば何とか乗り切れるかもしれない。だが、深刻な事態が起こったときには、それだけではうまくいかなくなる。（中略）そんな場合に私たちは根本的な見方を変える必要性に迫《せま》られる。

そもそも、見方を変えるのはそう簡単なことではない。（中略）特に社会に大きな変化が訪れるときや、答えのない深刻な問いが自分に突《つ》きつけられ、根本から見方を変えねばならない状況《じょうきょう》になるほど、私たちはこれまで以上にますます自分のまなざしを固定しがちだ。自分の見方が間違《まちが》っていると改めるよりも、自分の見方は間違っていないことを確認する方向に物事の解釈を変更する方が私たちには容易《たやす》い。

〈ハナムラチカヒロ「まなざしの革命」〈河出書房新社〉より〉

---

(1) ――線部「私たちが……起こったときだ。」とありますが、「都合の悪いこと」が起きたとき「私たち」がどのように考えるかについての筆者の考えとして適切なものを次から一つ選び、記号を○で囲みましょう。〔神奈川県・改〕

ア 自身の個人的な欲求で都合よく物事を捉えるのではなく、世間において大多数の人が持っている認識に従おうとする傾向《けいこう》が強い。

イ 自身の認識にこだわるのではなく、他者の意見や新しい知識を積極的に取り入れることで発想の転換《てんかん》をしようとする傾向が強い。

ウ 新たな見識を身につけて自身の認識を変えるのではなく、直面している物事を自身が受け止められるように捉え直す場合が多い。

エ 自身が長い時間をかけて身につけた認識を改めるのではなく、問題を生じさせている相手に意見を変えるよう求めることが多い。

(2) 筆者は見方を変えることの難易度をどのように考えていますか。簡潔に答えましょう。

学習した日 ／

もう一度

バッチリ！

22 説明的文章

文章の要旨《ようし》を捉《とら》えるには？

説明的文章では、**要旨**《ようし》（筆者の考えや意見の中心となる事柄《ことがら》）を捉《とら》えることが全体の読み取りにつながります。

【要旨のまとめ方】

①説明文…各段落の要点をつなぎ合わせ、要約してまとめる。
②論説文…結論を述べた段落を探し、その内容を中心にまとめる。

説明的文章では、結論のある位置によって、次のような構成の型があります。

【説明的文章の構成の型】

①**尾括型**《びかつがた》…最後に結論がある。最も一般《いっぱん》的な型。　説明→説明→結論
②**頭括型**《とうかつがた》…最初に結論がある。　結論→説明→説明
③**双括型**《そうかつがた》…最初に結論があり、最後にも結論がある。　結論→説明→結論

文章の要旨は、次の手順で捉えます。

①各段落の要点を把握《はあく》する。
②筆者が考えを述べている段落に着目する。
③結論の段落の内容を中心にまとめる。

次の文章を例に、文章の要旨を捉えてみましょう。

本を一冊読んで、「すごく勉強になった！」と思っても、それを行動に移さない人は多いです。①「学び」や「気づき」を行動に移さなければ現実世界は全く変わらない。多少賢《かしこ》くなったかもしれませんが、現実的なメリットは何一つ得られないのです。
②では、なぜ、人はなかなか行動に移せないのでしょうか。
それは、③人間が「快適領域（コンフォートゾーン）」を出ることを恐《おそ》れるように、生物学的にプログラミングされているからです。
この文章の結論

（樺沢紫苑《かばさわしおん》『極《エッセンシャル》アウトプット「伝える力」で人生が決まる』〈小学館〉より）

各段落の要点（①～③）を追っていくと、最後の段落に筆者の考えの結論が書かれていることがわかります。

次の文章を読んで、下の問いに答えましょう。

読者のあなたには、幸せになってもらいたいですが、世界はあなたを中心に回っているわけではありません。あなたが幸せになるように、みんなが調整してくれているわけでもありません。必ず不本意な出来事は起こるのです。そういうときに、あきらめてしまうかどうかです。

ちょっとしたことであきらめるのなら、それは、あなたが本当にやりたかったことではありません。本当にやりたいことだと覚悟《かくご》を決めるためには、それ以外のことをあきらめなければならないかもしれません。何かを手に入れるということは、何かをあきらめるということなのです。

自分のことをよくわからないひとは、あきらめる勇気がないために、あれもこれもと欲張って、けっきょく大切なものを手に入れられない可能性が多い。たとえば年に何回かはディズニーランドに行きたいし、三十代で新築マンションも買いたいし、（中略）親の面倒《めんどう》は見たいし、などあれもこれもと考えていたら、エネルギーが分散してしまいます。

ほかのひとがわけなく手に入れているように見えるものでも、自分は手に入らないかもしれない。そんなことは、気にしないことです。ほかのひとと自分を比べてはいけません。これは、幸福になる秘訣《ひけつ》のひとつです。ほかの人びとなんかどうでもいいと思うことです。それは、自分を大事にすることに通じます。

（橋爪大三郎《はしづめだいさぶろう》「ふしぎな社会」〈筑摩書房〉より）

---

(1) 本文の第一段落に書かれていることを、一文に要約して答えましょう。

［　　　　　　　　　　］

(2) ――線部「大切なもの」とありますが、次の文は大切なものを手に入れるために筆者が必要だと考えていることについて、本文を踏《ふ》まえてまとめた一例です。A、Bに入る最も適切な言葉を、それぞれ本文中から A は八字、B は七字で書き抜《ぬ》きましょう。〔岐阜県〕

大切なものを手に入れるためには、あれもこれもと考えて、 A することがないよう、大切なもの以外は B を持つことが必要である。

A □□□□□□□□

B □□□□□□□

学習した日 ／
もう一度
バッチリ!

23 表・資料

表や資料を用いた問題

主に説明的文章において、表や資料を用いた問題が出題されることがあります。

【表が用いられる問題】

①よく出る出題形式・内容

・論説文などの**内容のまとめ**として出題される。

・本文の要点が表に整理されていて、**空欄《くうらん》を補充《ほじゅう》する形式**で答えるものが多い。

②解き方のポイント

・本文のどの内容を表にまとめたかを、設問文から的確に捉《とら》える。

・表中にある事柄《ことがら》を読み取り、空欄の前後の言葉を手がかりにして、語句を探したり、要点をまとめたりする。

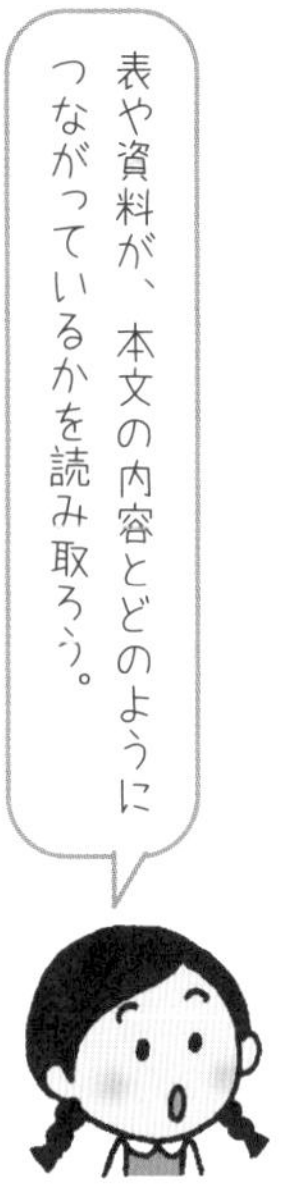
表や資料が、本文の内容とどのようにつながっているかを読み取ろう。

【資料が用いられる問題】

①よく出る出題形式・内容

・論説文、話し合いなど**幅広《はばひろ》い文章**で出題される。

・本文の内容に沿って、**グラフ・図・統計表などが表す事柄**を捉える問題が多い。

②本文との関連

・グラフ・統計表を読み取るときは数値に着目し、本文のどの部分と対応しているかをつかむ。

・資料からわかることを自分で文にまとめるときは、資料に表されたものを本文の表現と結び付けてまとめる。

資料では、棒グラフと帯グラフがよく使われます。それぞれ、

・棒グラフ…数量の比較《ひかく》

・帯グラフ…割合の比較

を示す場合に使われることを踏《ふ》まえ、棒グラフの問題では何が多い・少ないか、帯グラフの問題では割合がどう変化しているか・割合にどんな違《ちが》いがあるかを押《お》さえます。

答えは別冊7ページ

次の文章を読んで、下の問いに答えましょう。（1～4は段落番号です。）

〔愛媛県〕

1 他者の感情や思考、価値観の中に自分と同一なもの、重なるものを見出《みいだ》せば、共感が生じることになる。それは、感情が同期[*1]してリアルにその感情状態に没《ぼつ》入《にゅう》する情動的共感とは異なり、相手との同一性を認識することで感じる認知的共感であり、自我がめばえ、言葉が使えるようになり、想像力、推論する理性の力が形成された段階で生じる、人間に特有な共感なのである。（中略）

2 共感は相手に対して親和的な感情を生み、相手のための行動を惹《ひ》き起こす。共感が道徳的行為《こうい》の動機となるのもうなずける。困っている人、苦しんでいる人に共感すれば、そこから同情や憐憫[*2]《れんびん》などの感情が二次的に生じ、助けなければ、慰《なぐさ》めなければ、という当為[*3]《とうい》、行動が生じ得る。この点は認知的共感も情動的共感も変わらない。（中略）まだ言葉を使うことができず、想像力や理性の力の弱い幼児でも、泣いている子を慰めようとする。想像力や推論の力が必要な認知的共感ではなく、感情が同期するだけの情動的共感であっても、相手の視点に立てる力があれば、利他的行為は惹き起こされるのだ。

3 ただし、認知的共感は利他的行為をより適切な方向へ導く力を持っている。自分の中に湧《わ》き上がった感情に衝《つ》き動かされるだけでなく、想像力と推論によって、相手の立場、状況《じょうきょう》を考慮《こうりょ》して行動できるからだ。また、情動的共感ほど熱くならず、比較《ひかく》的冷静に対処することもできる。

4 共感は人間にとって、利他的行為、道徳性の動機となる、とても大事な現象なのである。

（山竹伸二《やまたけしんじ》「共感の正体」〈河出書房新社〉より）

*1 同期……自分と相手の感情が一致《いっち》すること。　*2 憐憫……あわれみ。　*3 当為……そうすべきこと。

● 2・3段落に述べられている、情動的共感と認知的共感の共通点と相違《そうい》点をまとめた次の表の a ～ c に入る最も適切な言葉を、それぞれ2・3段落の文中から、a は五字、b は七字、c は十一字で書き抜《ぬ》きましょう。

共通点	相違点
相手のための行動、つまり、a を生じさせ、道徳的行為の動機となり得る。	自分の中に湧き上がった感情に衝き動かされるだけの「情動的共感」による行動と比べて、「認知的共感」による行動においては、相手の立場や状況を考え、b ことが可能である。このことから、「認知的共感」には、a を、c があると言える。

a □□□□□

b □□□□□□□

c □□□□□□□□□□□

1章　2章　3章 読解　4章　5章　模試

学習した日　／　もう一度　バッチリ！

24 詩・短歌・俳句のポイントは?

詩／短歌／俳句

詩、短歌、俳句などの韻文《いんぶん》のことを「詩歌《しいか》」といいます。

詩…作者の感動を短い言葉で表した文学。**ひとまとまりの連がいくつか集まって全体を構成**するものが多い。

詩の分類

・用語で分類…文語詩／口語詩
・形式で分類…定型詩／自由詩／散文詩
・内容で分類…叙情詩《じょじょうし》／叙景詩／叙事詩

短歌…**五・七・五・七・七の三十一音**で詠《よ》まれる定型詩。

白鳥《しらとり》は哀《かな》しからずや空の青海のあを《(オ)》にも染まずただよふ《(ウ)》　若山牧水《わかやまぼくすい》

俳句…**五・七・五の十七音**で詠まれる定型詩。一句の中に一つ、季語（季節を表す言葉）を入れるのが決まり。

菜の花や月は東に日は西に　与謝蕪村《よさぶそん》

句切れ

短歌・**俳句**の一首・一句の中で意味が切れる部分のこと。感動の中心があることが多い。**俳句**では「や・かな・けり」などの**切れ字**を用いることもある。

【詩歌の表現技法】

表現技法		働き
比喩《ひゆ》	直喩《ちょくゆ》（明喩《めいゆ》）	「ようだ」などを用い、直接たとえる。
	隠喩《いんゆ》（暗喩《あんゆ》）	「ようだ」などを用いずにたとえる。
	擬人法《ぎじんほう》	人でないものを人に見立ててたとえる。
倒置《とうち》		語順を普通《ふつう》と逆にし、その部分を強調する。
体言止め《たいげんど》		文末を体言（名詞）で止め、印象を強める。
対句《ついく》		同様の構成の語句を並べ、リズムを生む。
反復《はんぷく》		同じ言葉を繰《く》り返し、強調とリズムを生む。

詩歌の主題を読み取るときには、次の点に着目します。

・詩……**題名**（作者の思いが表現されていることが多い）や、**心情**・**情景を表す表現**、**表現技法**など。
・短歌…**句切れ**や、感動や詠嘆《えいたん》を表す「**かな・けり・なり**」など。
・俳句…**季語**、**切れ字**（＝感動の中心）など。

答えは別冊7ページ

1 次の詩を読んで、あとの問いに答えましょう。

［滋賀県］

初恋《はつこい》

第一連

まだあげ初《そ》めし前髪《まえがみ》の
林檎《りんご》のもとに見えしとき
前にさしたる花櫛《はなぐし》の
花ある君と思ひけり

第二連

やさしく白き手をのべて
林檎をわれにあたへしは
薄紅《うすくれない》の秋の実に
人こひ初めしはじめなり

第三連

わがこころなきためいきの
その髪の毛にかかるとき
たのしき恋の盃《さかずき》を
君が情《なさけ》に酌《く》みしかな

第四連

林檎畠《ばたけ》の樹《こ》の下に
おのづからなる細道は
誰《た》が踏《ふ》みそめしかたみぞと
問ひたまふこそこひしけれ

（島崎藤村《しまざきとうそん》「若菜集」より）

● 次は、詩の各連の内容について説明したものです。第三連について説明したものとして適切なものを次から一つ選び、記号を○で囲みましょう。

ア 林檎を仲立ちとするやり取りから、相手への思いが強まっている。

イ 少女のふとした何気ない言動すら恋しくてたまらなく感じられる。

ウ 林檎畑で見かけた少女の美しさに魅了《みりょう》される様子が描《えが》かれている。

エ 思いがけず漏《も》らした恋心を、少女は優しく受け入れてくれている。

2 次の俳句を読んで、あとの問いに答えなさい。

［栃木県］

A 秋たつや川瀬《かわせ》にまじる風の音　（飯田蛇笏《いいだだこつ》）

B 冬《ふゆ》支《じ》度《たく》鷗《かもめ》もとほる村の空　（大峯《おおみね》あきら）

(1) A・Bに共通して用いられている表現技法を次から一つ選び、記号を○で囲みましょう。

ア 対句　イ 体言止め　ウ 反復　エ 直喩

(2) A・Bは同じ季節を詠《よ》んだ俳句です。A・Bと同じ季節を詠んだ俳句を次から一つ選び、記号を○で囲みましょう。

ア 枯山《かれやま》の月今昔を照らしゐる　（飯田龍太《いいだりゅうた》）

イ 暗く暑く大群衆と花火待つ　（西東三鬼《さいとうさんき》）

ウ 月を待つ人皆《みな》ゆるく歩きをり　（高浜虚子《たかはまきょし》）

エ 八重桜日輪すこしあつきかな　（山口誓子《やまぐちせいし》）

学習した日　／
もう一度
バッチリ！

実戦テスト 3

答えは別冊8ページ

3章 読解

得点 ／100点

1 次の文章を読んで、あとの問いに答えましょう。 ［栃木県］

〈寺子屋「薫風庵《くんぷうあん》」で教える妙春《みょうしゅん》は、賢吾《けんご》の数学の才能を見抜《みぬ》けなかったことを謝った。すると、おてるが先生が謝るのはおかしいと声を上げた。〉

「でも、わたくしは何もおかしなことなどしていません。先生だって、間違《まちが》いをすることはありますし、そういう時には謝らなければいけないでしょう。間違えたことを謝るのに、何がおかしいのですか」

妙春が訊《き》き返すと、おてるはじっと考え込《こ》み、

「間違えたのを謝るのは変じゃないんだけど、先生が謝るのは何か……」

と、呟《つぶや》きながら、［　　］ている。

「先生だから間違えちゃいけませんって言われると、わたくしだって*城戸《きど》先生だって、とても緊張《きんちょう》してしまいます。*蓮寿《れんじゅ》先生だって『間違いくらいするわよ』っておっしゃると思いますよ」

「うーん、確かに蓮寿先生なら、そう言いそうな気はするんだけど……」

おてるはそう言ってから、再びしばらく考え込むと、

「妙春先生は、間違いなんてしそうもないなって思えたんです」

と、ややあってから、①すっきりした表情になって言った。

「わたくしだって間違えることはありますよ」

②妙春は静かに言葉を返し、おてると賢吾を交互《こうご》に見つめた。

「だから、間違えたら謝るのです。でも、間違っていないと思う時は、誰《だれ》かから責められてもきちんとそう言います。わたくしの故郷は秋田という遠いところなのですけれどね。そこには明道館《めいどうかん》という学び舎《や》があって、皆《みな》さんよりもう少し年上の若者たちが学んでいます。そこでは、仲間同士はもちろん、先生とも論じ合うことをよしとしています。先生からただ教えられるだけではなく、教えられたことを使って自分の考えを述べ、それに対して相手の考えを聞き、また自分の考えを述べる。そうやって考えを深めていき、仲間と一緒《いっしょ》に成長していくのですね」

おてるは何度も何度もうなずいている。ただし、おてるは分からなくてもうなずくことがあるから、本当に理解したかどうかは注意が必要だ。

一方の賢吾はまったく反応がない。それでも、話をきちんと聞いてくれたということは分かる。

「今はまだ、あなたたちは新しいことを学ばなければならないから、論じ合うのは早いけれど、いつかこの薫風庵でも③そういうことができたらいいなと思うのですよ」

（篠綾子《しのあやこ》「江戸《えど》寺子屋薫風庵」〈小学館〉より）

＊城戸先生、蓮寿先生……「薫風庵」で教える先生。

(1) 本文中の□に入る語句として適切なものを次から一つ選び、記号で答えましょう。 12点

ア 腰《こし》を抜かし

イ 腹をかかえ

ウ 腕《うで》を鳴らし

エ 首をかしげ

□

(2) ――線部①「すっきりした表情」とありますが、おてるがこのような表情になったのはなぜですか。適切なものを次から一つ選び、記号で答えましょう。 12点

ア 妙春のした間違いを賢吾に直接伝えることができたから。

イ うまく言葉にできなかった自分の思いがまとまったから。

ウ 賢吾の寂《さび》しい気持ちを妙春が十分に理解してくれたから。

エ 妙春が自分のした間違いに気づいて繰《く》り返し謝ったから。

□

(3) ――線部②「妙春は静かに言葉を返し、おてると賢吾を交互に見つめた」とありますが、ここから妙春のどのような思いが読み取れますか。適切なものを次から一つ選び、記号で答えましょう。 12点

ア 二人に自分の考えをきちんと聞いてほしいという思い。

イ 二人に謝ることの大切さを分かってほしいという思い。

ウ 二人へのいらだちを隠《かく》してきちんと話そうという思い。

エ 二人への言動の間違いを何とか取り繕《つくろ》おうという思い。

□

(4) ――線部③「そういうこと」の説明として適切なものを次から一つ選び、記号で答えましょう。 12点

ア 遠く離《はな》れた地で未知のことを経験して、成長していくこと。

イ 他者が何を言おうと自分の考えを貫《つらぬ》き、成長していくこと。

ウ 仲間や先生と議論を重ねて思考を磨《みが》き、成長していくこと。

エ 相手の考えに疑念を抱《いだ》かず聞き入れて、成長していくこと。

□

2 次の文章を読んで、あとの問いに答えましょう。（1~3は段落番号。）〔熊本県〕

1中学校までの理科には、最低限これだけのことを知っておけば、将来勉強をするために役に立つだろうと思われることが教材になっています。一生のうちに必ず一回は、実生活のなかでその問題にぶつかったり、話題になったりする課題が選ばれているからです。だから実験や観察をして実体験しておくことが特に重要です。

2高校になると、*1微視《びし》的世界や超巨大《ちょうきょだい》な世界など、日常のスケールから遠く離《はな》れた世界へと対象が広がり、目に見えないところで何が起こっているかについて想像力を駆使《くし》しながら学んでいくことになります。そのため模型や*2CGの助けを借りて、想像と実際の知識を比較《ひかく》するという作業が欠かせません。想像なしで知識のみに偏《かたよ》ったり、逆に知識なしで想像のみにふけったり（空想と言うべきですね）するのでは、真に理解したことになりません。そして大事なことは、科学の対象が日常に目にする物質や現象から遠ざかっていっても、そこに共通している疑問は「なぜそうなっているのだろう」、そして「不思議だな」と思う心です。そのような探究心を常に持ち続けて欲しいと思っています。

3学校の科目では「理科」と呼んでいますが、通常私たちが当面する自然現象に関わる問題を「科学」と呼ぶのは、それが社会的な事象や人間の生き方、つまり学校の科目で言えば社会や歴史や国語など他の科目にも関連しているためでしょう。理科が対象とするのは自然物そのものですが、「科学」はそれだけに留《とど》まることがなく、「科学的判断」とか「科学的予測」と言われるように、生じている自然現象に対する考え方（判断、予測）や社会との関係までをも問うことになるからです。「理科的判断」とか「理科的予測」と言うのと、ニュアンスが大きく異なることがわかると思います。また、直面する問題の解決のために科学の立場からどう考えるかは人間の生き方への重要なヒントになるように、科学は自然と人間が関係して繰《く》り広げられる現象を全分野から論じるという意味があります。

（池内了《いけうちさとる》「なぜ科学を学ぶのか」〈筑摩書房〉より）

*1微視的……人間の視覚では識別できないほど細かく小さい様子。
*2CG……コンピュータを使って作られた動画や画像。

(1) 次の表は、ある生徒が——線部「理科」について、学ぶ対象と学ぶ方法を、「中学校まで」と「高校になると」の二つの段階に分けて整理したものです。表中のⅠとⅡの部分に入れるのに最も適切な言葉を、2段落からⅠは十二字、Ⅱは二十六字で抜《ぬ》き出し、それぞれ最初の五字を書きましょう。

各15点　計30点

	中学校まで	高校になると
学ぶ対象	Ⅰ	日常のスケールから遠く離れた世界で起こっていること
学ぶ方法	実験や観察をして実体験しておく	Ⅱ

Ⅰ □□□□□　Ⅱ □□□□□

(2) この文章の3段落について説明したものとして最も適切なものを次から一つ選び、記号で答えましょう。10点

ア　1段落と2段落で述べた理科の学習に疑問を呈《てい》している。

イ　1段落と2段落に引き続き探究心の必要性を訴《うった》えている。

ウ　1段落と2段落を踏《ふ》まえて科学の性質を掘《ほ》り下げている。

□

3

次の俳句を説明したものとして最も適切なものをあとから一つ選び、記号で答えましょう。〔神奈川県〕12点

ものの芽のほぐれほぐるる朝寝《あさね》かな　松本《まつもと》たかし

ア　朝寝をして日が高く昇《のぼ》ってから外へ出た自身の様子を「朝寝かな」と余韻《よいん》を持たせて表し、昼間に活動を始めたことで春の日の光の温かさを植物とともに味わえた喜びを鮮明《せんめい》に描《えが》いている。

イ　春の朝に植物の芽がほころぶ様子を「ほぐれほぐるる」と動きを重ねて表すことで、盛んに活動する植物と日が高くなるまで眠《ねむ》りの心地《ここち》よさを味わっている自身の姿を対照的に描いている。

ウ　春に向けて庭に植えた多様な植物を「ものの芽」と表現して一般《いっぱん》化することで、自身が朝寝をしている間にも土の中で発芽に向けて準備を進める植物の生命力の強さを印象深く描いている。

エ　寒さの厳しい冬を乗り越《こ》えた植物がゆっくりと芽を伸《の》ばしつつある様子を「朝寝」にたとえ、植物の動きから春の訪れを感じることで生じた自身の気持ちの高まりを情感豊かに描いている。

□

合格につながるコラム④

目標が人を成長させる！

頑張るためにまずすべきは、目標設定

目標を定めることで、ゴールに向かって頑張れる

勉強を頑張ろうとしても、その意気込みが長く続かないことはよくあるでしょう。人の意志はあまり強くないため、ただ漠然と「頑張ろう」「頑張りたい」と思っても、長続きしないものです。

では、どうすれば頑張りを継続させられると思いますか？

継続の秘訣をお伝えしましょう。それは、「目標を設定すること」です。例えば、次の定期テストの目標点を設定します。そうすると、目標を達成するためにどんな学習が必要か、毎日の学習計画はどうすればよいかといった、具体的な行動に移ることができます。

目標は、少し高めに設定するのがコツです。簡単に達成できそうな目標だと、ついダラけてしまい、頑張ろうという意欲がわいてきません。ですが、「今の時点ではちょっと達成が難しそうだな」と感じられる高めの目標を設定しておくと、気を抜かずに目標に向かって頑張りを継続できます。

少し高めの目標は、必ずしも一度で達成できるとは限りません。しかし、ダラけずに目標に向かって頑張ることで、最終的によい成績を取ることができるでしょう。高めの目標のほうが達成できたときにうれしいですし、自信にもつながります。

ただ成績を上げたいと願うのではなくて、「次は何点取ろう」とか、「いつまでに80点以上取れるようになろう」と、具体的に目標を立てるといいよ。

設定した目標は、宣言しよう

周囲に宣言することが、頑張りの原動力になる

目標を設定したら、自分の心の中だけに留めず、家族や友だちなど、周囲の人にも宣言することで、さらに目標を達成しやすくなります。周りに宣言して自分を奮い立たせることが、頑張りを継続する原動力になるのです。

また、宣言することで、周囲が応援してくれることもあります。その教科が得意な友達が勉強のコツを教えてくれたり、家族が差し入れをしてくれたりするかもしれません。そうすると、ますますやる気が出てくるのではないでしょうか。

こうして、一度、目標を達成できれば、ゲームをクリアするような感覚で、次からも楽しく取り組めるようになります。少しずつ目標を高く設定して、それに向かって頑張る習慣が身に付けば、成績もどんどん伸びていくでしょう。

4章

古典

25 古文の決まり 歴史的仮名遣《かなづか》い・係り結び

歴史的仮名遣《かなづか》いでは、表記と発音が異なる場合があります。発音するときには、次のような決まりがあります。

【歴史的仮名遣いの読み方】

歴史的仮名遣い	発音
語の初め以外の は・ひ・ふ・へ・ほ	わ・い・う・え・お 例 言ふ→言う
ゐ・ゑ・を	い・え・お 例 こゑ→こえ
母音《ぼいん》の連続 au・iu・eu・ou	ô・yû・yô・ô 例 れう(reu)り（料理）→りょう(ryô)り
くわ・ぐわ	か・が 例 くわし（菓子）→かし
ぢ・づ	じ・ず 例 もみぢ→もみじ

古文は文語体（主に平安時代の書き言葉や文法を基準とした文体）で書かれていて、歴史的仮名遣いで表記されているよ。

古文には、**係り結び**（係り結びの法則）という表現があります。文中に**係りの助詞「ぞ・なむ・や・か・こそ」**があると、文末が決まった活用形になります。

係り結びは、次のようなときに使います。

1 内容や、書き手や登場人物の**感動を強調**するとき。

2 **疑問・反語**を表すとき。

【係り結びの意味と文例】

係りの助詞	結び	意味	文例（〈 〉は終止形）
ぞ なむ	連体形	強調	・涙《なみだ》なむ流るる。〈流る〉（まさに涙が流れる。）
や か	連体形	疑問	・かの地や遠き。〈遠し〉（疑問 あの地は遠いのか。）
		反語	・いづれか言はざりける。〈けり〉助動詞（反語 誰《だれ》が言わないことがあろうか、いや、ない。）
こそ	已然形《いぜんけい》	強調	・春こそをかしけれ。〈をかし〉（まことに春は趣深《おもむきぶか》い。）

基本練習

答えは別冊9ページ

1 次の言葉を現代仮名遣《かなづか》いに直して書きましょう。

(1) をとこ
(2) めづらし
(3) あはれ
(4) くわじ（火事）
(5) けふ（今日）

2 次の各文から係りの助詞を書き抜《ぬ》きましょう。

(1) もと光る竹なむ一筋ありける。
(2) この山の名を何とか申す。
(3) 水の散りたるこそをかしけれ。

3 次の各文の――線部の言葉を、現代仮名遣いに直して、全て平仮名で書きましょう。

(1) 障《さは》ることありて、なほ同じ所なり。〔岐阜県・改〕
(2) 細川幽斎《ほそかはいうさい》、その席にゐて、……〔兵庫県〕
(3) やうやうに生きかへりて云《い》ふやう、……〔栃木県〕
(4) ……いま鳴く鳥の梢《こずゑ》は、いづこなりや、おのれにをしへてよ、……〔熊本県〕

4 次の文の――線部の表現の特徴《とくちょう》として適切なものを次から一つ選び、記号で答えましょう。〔千葉県〕

落《お》つる涙《なみだ》も降る雪も、左右《さう》のたもとに所せく（左右のそでをぐっしょりぬらし）、柴《しば》の編戸《あみど》に顔をあて、しぼりかねてぞ立ちたりける。

ア 対句《ついく》によって文にリズムが生まれている。
イ 係りの助詞がその前の語を強調している。
ウ 文末を体言にして文に余韻《よいん》を与《あた》えている。
エ 倒置《とうち》法のために文の語順が変化している。

ミス注意
1 (5) エ段のあとに「ふ」が続くときは、二段階で考えよう。「てふ」であれば、「てふ」→「てう（teu）」→「ちょう（tyô）」となるよ。

学習した日 ／
もう一度
バッチリ!

26 古語の意味

古語

古語には、古文にしかない言葉や、現代語と形は同じでも意味の異なる言葉などがあります。

【古文にしかない言葉】

- **いと**　非常に。たいそう。
- **つゆ**　少しも。全く。
- **げに**　本当に。
- **やうやう**　だんだんと。
- **つとめて**　早朝。その翌朝。
- **憂《う》し**　憂鬱《ゆううつ》だ。つらい。
- **つきづきし**　似つかわしい。
- **つれづれなり**　することがなくて退屈《たいくつ》だ。
- **のたまふ**　おっしゃる。

「とても退屈だ」は、「いとつれづれなり」と言えばいいんだね。

【現代語と同じでも、意味が異なる言葉】

- **けしき**　様子。表情。きざし。（現風景。）
- **めでたし**　すばらしい。立派だ。（現「めでたい」…喜ばしい。おめでたい。）
- **ゆかし**　知りたい。見たい。聞きたい。心がひかれる。（現「ゆかしい」…上品でしとやかだ。）

【古語特有の意味と、現代語の意味との両方をもつ言葉】

- **うつくし**　（古）かわいらしい。見事だ。（現）「うつくしい」…きれいだ。
- **おとなし**　（古）大人びている。思慮《しりょ》深い。（現）性格などが穏《おだ》やかだ。
- **をかし**　（古）趣《おもむき》がある。優《すぐ》れている。（現）滑稽《こっけい》だ。
- **あはれなり**　（古）いとしい。しみじみとしている。（現）気の毒だ。

1 次の文章の――線部(1)～(3)の言葉の意味として正しいほうをそれぞれ選び、記号で答えましょう。

冬は(1)つとめて。雪の降りたるはいふべきにも（言うまでもない）あらず、霜《しも》の(2)いと白きも、またさらでも（そうでなくても）、いと寒きに、火など急ぎおこして、炭もて渡《わた》るも（あちこちの部屋に炭を）持って運ぶのも）いと(3)つきづきし。

（清少納言《せいしょうなごん》「枕草子《まくらのそうし》」第一段より）

(1) ア 労働　イ 早朝 □

(2) ア 非常に　イ だんだん □

(3) ア 煩《わずら》わしい　イ 似つかわしい □

2 次の文章を読んで、あとの問いに答えましょう。　〔長崎県〕

世人《せじん》を見るに（世間の人を見ると、）、*果報《くわはう》もよく、家をも起《おこ》す人（一族を繁栄《はんえい》させる人）は、皆《みな》、*正直に、人（他人）のためにも善きなり。ゆゑに、家をも保ち（一族を維持《いじ》し、）、子孫までも絶《た》えざるなり。心に曲節《きょくせつ》あり（心が素直でなく、）、人（他人）のために悪《あ》しき人（悪いことをする人）は、たとひ、一旦《いったん》は、果報も【1】、家を保てる様《やう》なれども（ように見えるが、）、*始終【2】なり。たとひ、また、一期《いちご》は【3】て過《す》ぐせども、子孫未《いま》だ必ずしも吉《きち》ならざるなり。

（「正法眼蔵随聞記《しょうぼうげんぞうずいもんき》」より）

*果報……前世での行いの結果として現世で受ける報い。
*正直……心が正しく、まっすぐ、偽《いつわ》りのないこと。
*始終……ついには。結局は。

(1) 【1】～【3】に当てはまる語の組み合わせとして適切なものを次から一つ選び、記号で答えましょう。

ア 1 善く　2 悪しき　3 善く
イ 1 悪しく　2 善き　3 善く
ウ 1 悪しく　2 善き　3 悪しく
エ 1 善く　2 悪しき　3 悪しく

□

(2) ――線部の意味として適切なものを次から一つ選び、記号で答えましょう。

ア 瞬間《しゅんかん》　イ 最初　ウ 数年　エ 生涯《しょうがい》

□

学習した日　／
もう一度
バッチリ!

27 古文の特徴 古文を読むためのポイントは？

古文では、主語や助詞が省略されることがあります。登場人物や場面の状況《じょうきょう》を押《お》さえて、省略された言葉を補いながら読むようにしましょう。

【主語の省略】

例 仁和寺《にんなじ》にある法師が 極楽寺《ごくらくじ》・高良《かうら》などを拝みて、かばかりと心得て帰りにけり。

（〈仁和寺にいる法師が〉極楽寺や高良などを拝んで、これだけだと思って帰ってしまった。）

（引用箇所《かしょ》の前の文に「仁和寺にある法師」という主語があり、それに続く内容なので、同じ主語だとわかる。）

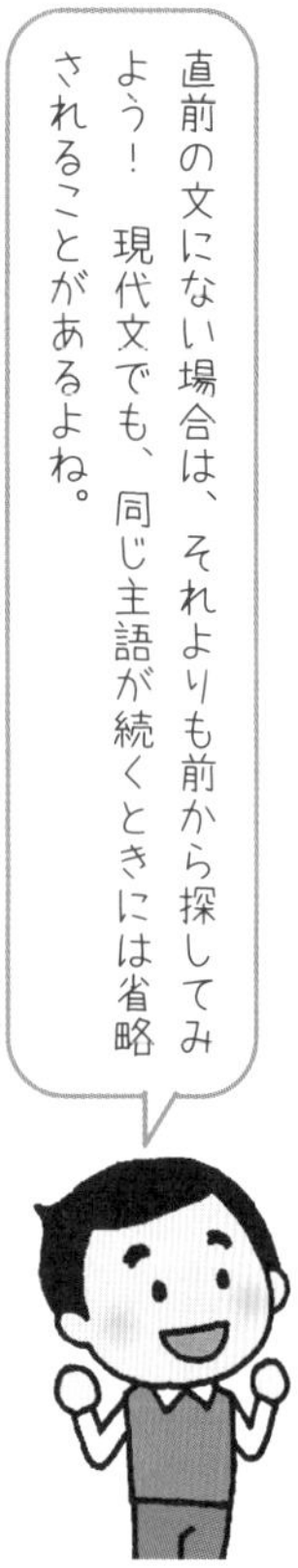
直前の文にない場合は、それよりも前から探してみよう！　現代文でも、同じ主語が続くときには省略されることがあるよね。

【助詞の省略】

例 年ごろ思ひつること[を]、果たしはべりぬ。

（長年思っていたことを、果たしました。）

【古語の指示語】

また、指示語の内容を把握《はあく》したり、会話文に注目したりすることで、文脈をたどることができます。

例 かかる（このような・こんな）　かく（このように）
さる（そのような・そんな）

（指し示す内容は現代文と同様、前の部分から探す。）

【会話文】

古文では、会話部分に「　」を使わない場合もあるので、次のような言葉に注目して会話文を捉《とら》えましょう。

例 …と言ふ（申す・問ふ）　…と　…とて

↓答えは別冊9ページ

1 次の——線部ア～エのうち、主語に当たるものが他と異なるものを一つ選び、記号で答えましょう。

〔静岡県〕

*頼義《よりよし》の郎等《らうどう》（家来）に、*近江国《あふみのくに》の住人、日置《ひおき》の九郎《くらう》といふものありア。馬、*もののぐの出《いで》たち（よそおい）奇麗《きれい》なり（きらびやかだ）。頼義見て気色を損じイ（機嫌《きげん》を悪くし）、いまいましき（感心しない）有様なり、汝《なんぢ》、かならず身を亡《ほろ》ぼすべし（命を落とすだろう）、はやく売りはらふべし（売り払《はら》ってしまいなさい）、それも味方の陣《じん》には売るべからず（売ってはならない）、敵方へ売るべし（売りなさい）。九郎ウかしこまつて（恐縮《きょうしゅく》して）、後日のいくさに、また先に（以前）おとらぬ奇麗をつくしたるもののぐを着たり。着替《きがへ》の料（代品）なりといふ。頼義、なほ（やはり）身を失ふ相なり（命を落とす格好である）、売りはらふべし、かまへて（絶対に）着《ちやく》すべからずと。次の日には、黒革縅《くろかわをどし》（黒色のよろいで古いもの）の古きを着エたり。頼義、これこそめでたし（喜ばしく結構である）と仰《おほ》せ（お言葉）あり。奇麗に（着飾《きかざ》ること）たから（金銭）をつひやせば、家まづしくなりて、よき郎等を扶持《ふち》すべき（召《め》し抱《かか》えることができる）ちからなし、されば（それゆえ）、敵にむかひて（相対して）亡びやすしと、仰せありしなり。

（志賀忍《しがしのぶ》・原義胤《はらよしたね》「三省録《さんせいろく》」より）

*頼義…源頼義。平安時代の武将。
*もののぐ…よろいなどの武具。
*近江国…昔の国名。今の滋賀県。

□

2 次の——線部「童《わらは》のかく言へるは」は、「童がこのように言ったのは」という意味ですが、童はどのようなことを言ったのですか。童が言った言葉を、文章中から六字以上十字以内で書き抜《ぬ》きましょう。

〔愛媛県〕

*鶴丸翁《つるまるをう》の知る*浪花《なには》の人、*石見国《いはみのくに》に行きたりしに、何かは知らねど、あたりなる梢《こずゑ》に鳥のこぼこぼと鳴きけり。遊び居たる童が、老婆《らうば》に、呼子鳥《よぶこどり》のまた鳴くよと告ぐるを、かの浪花人はやく聞きつけて、老婆に、「童の言ひつる呼子鳥といふは、今、梢にこぼこぼ鳴くなる鳥のことにや。」と尋《たづ》ねしに、「いかにもさなり。」と答へけり。「呼子鳥といふ名は昔より物に見えたれど、何といふこと定《さだ》かならぬを、今、童のかく言へるはこのあたりにては、常に言ふことか。」と問ふに、「めづらしくも尋ねたまふものかな。この所にては童までもよく知りて、言ふになん。」と答ふるに、「さらばその今鳴く鳥の梢はいづこなりや。姿もよく見置きて、友の*つとにも語らん。」と請《こ》ひけり。

（城戸千楯《きどちたて》「紙魚室《しみむろ》雑記《ざっき》」より）

*鶴丸翁…人名。　*浪花…今の大阪市およびその付近。
*石見国…今の島根県の西部。　*つと…旅の土産。

□□□□□□□□□□

ミス注意 2 童の言った言葉は「 」でくくられていないので、「～と」「～とて」や「言ふ」などの言葉に注目して探してみよう。

学習した日 ／

□ もう一度

□ バッチリ！

28 漢文を読むためのポイントは？

漢文の特徴

入試問題の漢文は、**訓読文**《くんどくぶん》と**書き下し文**の両方が掲載《けいさい》されて出題されることが多いです。それぞれの違《ちが》いや、漢文の決まりを押《お》さえておきましょう。

【訓読文】
白文《はくぶん》（漢字だけが並んだ元のままの文）に句読点・送り仮《が》名《な》・返り点が付いた文。

例 学《ビテ》而時《ニ》習《フ》レ之《これヲ》。

【書き下し文】
訓読文を漢字・仮名交じり文に書き改めた文。

例 学びて時に之を習ふ。

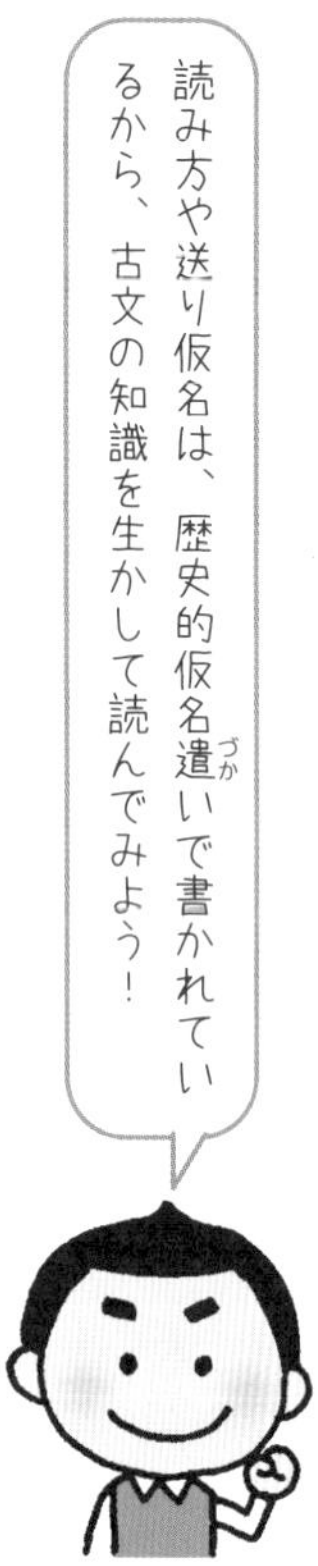
読み方や送り仮名は、歴史的仮名遣《づか》いで書かれているから、古文の知識を生かして読んでみよう！

返り点は、次の三つを押さえましょう。また、**置き字**といって、訓読する場合には読まない字があることも覚えておきましょう。

【返り点】

・**レ点**《れてん》…下の一字から、すぐ上の一字に返ることを示す。

例 無《キ》レ不《ざル》レ陥《とほサ》也《なり》。（陥さざる無《な》きなり。）

・**一**《いち》**・二点**《にてん》…下の字から、二字以上隔《へだ》てた上の字に返ることを示す。

例 思《フ》二故郷《ヲ》一。（故郷を思ふ。）

・**上下点**《じょうげてん》…一・二点を付けた部分を挟《はさ》んで、「上」から「下」に返ることを示す。

例 有《リ》下朋《とも》自《より》二遠方一来《タル》上。（朋遠方より来たる有り。）

【置き字】

「而」「於」「于」「焉」などは書き下し文には書かない。

例 学《ビテ》而（置き字）時《ニ》習《フ》レ之《これヲ》。（学びて時に之を習ふ。）

基本練習

↓答えは別冊10ページ

1 漢文を返り点に従って読む順番を、□の中に数字で書きましょう。

例 3㆑2㆑1

(1) □㆑□□㆑□

(2) □□㆓□□□㆒

(3) □㆘□□㆓□□㆒□㆖

2 漢文「四十而不惑」について、次の問いに答えましょう。

(1) 「四十にして惑《まど》はず」と読むことができるように、送り仮名と返り点を書き入れましょう。

四　十　而　不　惑

(2) (1)の漢文から、置き字を一つ答えましょう。

□

3 次の漢文を書き下し文に直して書きましょう。

(1) 不《ず》㆓亦《また》説《よろこバシカラ》㆒乎《や》。

〔　　　　〕

(2) 有リ㆓耕㆑ス田ヲ者㆒。

〔沖縄県〕

〔　　　　〕

4 「一寸光陰不可軽」を、「一寸の光陰《こういん》軽んずべからず」と読むことができるように返り点を付けたものは、次のうちどれですか。適切なものを一つ選び、記号で答えましょう。〔三重県〕

ア 一寸光陰不㆓可軽㆒

イ 一寸光陰不㆑可㆑軽

ウ 一寸光陰㆓不㆑可軽㆒

エ 一寸光陰㆓不可㆑軽

□

ミス注意

2 (1)送り仮名は歴史的仮名遣いにして漢字の右下に、返り点は漢字の左下に書こう。

3 (1)日本語の助詞・助動詞に当たる言葉は、平仮名で書こう。

学習した日　／

もう一度

バッチリ!

29

漢詩の特徴

漢詩を読むためのポイントは？

漢詩は、中国の唐代《とうだい》（7〜10世紀）の詩人の作品が多く出題されます。漢詩の形式や構成、表現技法を押《お》さえておきましょう。

【漢詩の形式】

・**絶句**《ぜっく》…**四句**（**四行**）から成る。
一句が**五字**…**五言**《ごごん》**絶句**
一句が**七字**…**七言**《しちごん》**絶句**

・**律詩**《りっし》…**八句**（**八行**）から成る。
一句が**五字**…**五言律詩**
一句が**七字**…**七言律詩**

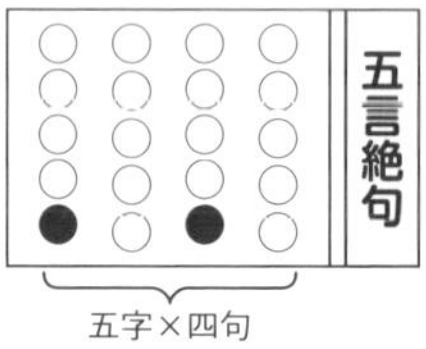
五言絶句
五字×四句

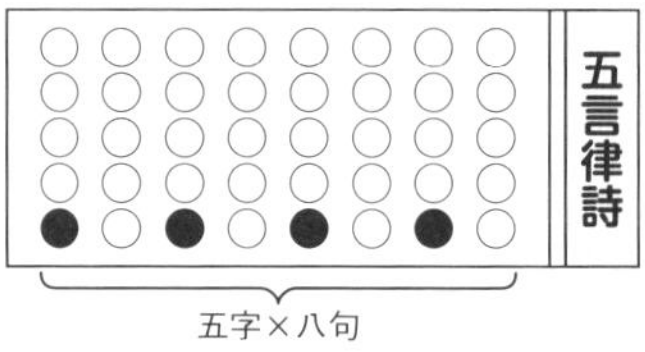
五言律詩
五字×八句

【漢詩（絶句）の構成】

第一句…**起句**（詩を歌い**起**こす）
第二句…**承句**（起句を**承**《う》けて展開する）
第三句…**転句**（場面を**転**換《てんかん》する）
第四句…**結句**（締《し》めくくって**結**ぶ）

律詩は二句ずつで起・承・転・結になるよ。

【漢詩の技法】

・**対句**《ついく》…用語・組み立てが対応した二つの句を並べること。
・**押韻**《おういん》…句の終わりに、同じ音や似た響《ひび》きの字を置くこと。原則として、五言詩では偶数《ぐうすう》句の末尾《まつび》（上段の形式図の●印）、七言詩では第一句と偶数句の末尾に押韻する。

次の五言絶句の漢詩で、具体的に確認しましょう。

絶句　杜甫《とほ》

起句　江《かう》ハ碧《みどり》ニシテ鳥ハ逾《いよい》ヨ白ク
承句　山ハ青クシテ花ハ欲《ほつ》スレ**然**《も》エント
転句　今春看《みすみ》ス又《また》過グ
結句　何《いづ》レノ日カ是《こ》レ帰《き》**年**《ねん》ナラン

（江／山：風物　碧／青：色彩　鳥／花：風物　逾白／欲然：色彩）

句全体も、句の中の各語も、互《たが》いに対応して対句になっている。

「然（ぜん）」「年（ねん）」が押韻している。

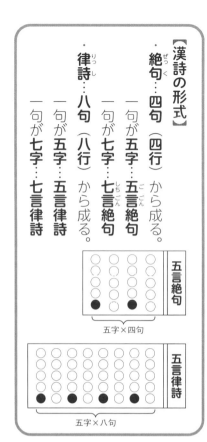

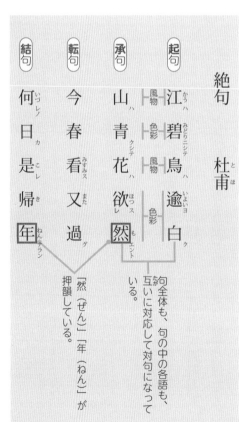

↓ 答えは別冊10ページ

1 **次の漢詩の形式を漢字四字で答えましょう。** 〔沖縄県〕

勧《すす》ムレ酒ヲ　于武陵《うぶりょう》

勧ムレ君ニ＊金《きん》屈《くつ》巵《し》
満酌不《ず》レ須《もち》ヰレ辞スルヲ
花発《ひら》イテ多ク二風雨一
人生足ル二別《べつ》離《り》一

【書き下し文】
君に勧む金屈巵
満酌《まんしやく》辞するを須ゐず
花発いて風雨多く
人生別離足る

【現代語訳】
君にすすめよう、この黄金の杯《さかずき》を
杯になみなみとつがれた酒を遠慮《えんりょ》する必要はない
花が咲《さ》くと風雨にさらされることが多くなるように
人生というものは別れが多いものだ
（「唐詩選《とうしせん》」より）

＊金屈巵…曲がった取っ手のついた黄金製の杯。

2 **次の漢詩について、あとの問いに答えましょう。**

黄鶴楼《くわうかくろう》にて孟浩然《まうかうねん》の広陵《くわうりよう》に之《ゆ》くを送る　李白《りはく》

故人西ノカタ辞シ二黄鶴楼ヲ一
煙《えん》花《くわ》三月下ル二揚《やう》州《しう》ニ一
孤《こ》帆《はん》ノ遠《ゑん》影《えい》碧《へき》空《くう》ニ尽《つ》キ
唯《た》ダ見ル長《ちやう》江《かう》ノ天際ニ流ルルヲ

(1) この詩の形式を答えましょう。

〔　　　〕

(2) この詩で押韻《おういん》している字を三字書き抜《ぬ》きましょう。

□□□

3 **次の漢詩を読んで、あとの問いに答えましょう。** 〔青森県〕

春暁《しゅんげう》　孟浩然《まうかうねん》

A　春眠暁《しゅんみんあかつき》を覚えず　　春眠不レ覚エレ暁ヲ
B　処処《しょしょ》□　　処処聞ク二啼《てい》鳥《ちょう》ヲ一
C　夜来《やらい》風雨の声　　夜来風雨ノ声
D　花落つること知る多少　　花落ツルコト知ル多少

(1) 書き下し文の□に入る適切な語句を書きましょう。

〔　　　〕

(2) 場面が大きく転換《てんかん》するのは、どの句ですか。A〜Dの中から一つ選び、記号で答えましょう。

□

ミス注意
2 (2) **漢詩の形式によって、押韻する場所が決まっていることを押《お》さえておこう。**

学習した日　／
もう一度
バッチリ!

得点 ／100点

1 次の文章を読んで、あとの問いに答えましょう。 各5点 計25点〔秋田県〕

ある時、鷲《わし》、「蝸牛《かたつぶり》を食らはばや（食べたい）」と思ひけれども、①いかんともせん事を知らず。A思ひ煩《わづら》ふ処《ところ》に、烏《からす》、傍《かたはら》より進み出て申しけるは、「この蝸牛、亡《ほろぼ》さん事、いとやすき事にて侍《はべ》る。我が申す①やうにし給《たま》ひて後、我にその半分を与《あた》へ給はば、教へ奉《たてまつ》らん」とBいふ。鷲、うけがふて（同意して）、その故《ゆゑ》（方法）をC問ふに、烏申すやう、「蝸牛を高き所より落《おと》し給はば、その殼《から》、忽《たちま》ちに砕《くだ》けなん」といふ。則《すなは》ち、②教へのやうにしければ、案の如《ごと》く（烏の提案どおりに）、たやすくD取つて、これを食ふ。

その如《ごと》く（このように）、たとひ権門高家（権力があり身分が高い家柄《いえがら》）の人なりとも、我が心を恣《ほしいま》にせず（思うがままに）、智者《ちしゃ》の教へに従ふべし。その故は、鷲と烏を比べんに、その徳（備えた能力）、などかは勝るべきなれども、蝸牛の技に②おゐては、烏、最もこれを得たる。事にふれて（物事に応じて）、事毎《ことごと》に人に問ふべし。

（「伊曾保物語《いそぼものがたり》」より）

---

(1) ═線部①「やうに」、②「おゐては」を現代仮名遣《かなづか》いに直しましょう。

①〔　　　〕　②〔　　　〕

(2) 〰線部A～Dのうち、主語が他と異なるものを一つ選び、記号で答えましょう。 □

(3) ―線部①「いかんともせん事を知らず」とありますが、何を知らなかったのですか。適切なものを次から一つ選び、記号で答えましょう。 □

ア 蝸牛の中身の取り出し方　イ 蝸牛を見つけ出す方法
ウ 蝸牛がたくさんいる場所　エ 蝸牛が食料になること

(4) ―線部②「教へ」とありますが、その具体的な内容を、「烏からの」に続くように二十字以内で書きましょう。

・烏からの［　　　　　　　　　　］という教え。

2 次の文章は「十訓抄《じっきんしょう》」の一節で、蜂《はち》に名前を付けて飼い慣らしていた、太政大臣《だいじょうだいじん》（藤原宗輔《ふじわらむねすけ》）の話です。あとの問いに答えましょう。

各7点 計21点 ［徳島県・改］

出仕《出勤》の時は車のうらうへの物見《ものみ》に《牛車《ぎっしゃ》の両側の物見窓に》、はらめきけるを《ブンブンと乱れ飛んでいたのを》、「とまれ。」とのたまひければ《おっしゃったところ》、とまりけり。世には蜂飼《はちかひ》の大臣《おとど》とぞ申しける。不思議の徳、おはしける人なり。

この殿《との》の蜂を飼ひ給《たま》ふを、世人、無益《むやく》のこととといひけるほどに、五月のころ、＊鳥羽殿《とばどの》にて、蜂の巣にはかに落ちて、＊御前《おまへ》に飛び散りたりければ、人々、刺《さ》されじとて《刺されまい》、逃《に》げさわぎけるに、相国《しやうこく》《太政大臣（宗輔）》、御前にありける＊枇杷《びは》を一房《ひとふさ》取りて、＊琴爪《ことづめ》にて皮をむきて、さし上げられたりければ、あるかぎり取りつきて、散らざりければ、供人を召《め》して、やをらたびたりければ《そっとお渡しになったところ》、院は《鳥羽上皇は》「かしこく《「折良く、》ぞ、宗輔が候《さうら》ひて《宗輔がお仕えしていて。」》。」と仰《おほ》せられて《おっしゃって》、御感《ぎよかん》ありけり《大変おほめになったということである》。

＊鳥羽殿…現在の京都市伏見区《ふしみ》にあった鳥羽上皇の邸宅《ていたく》。
＊御前…貴人の目の前。
＊枇杷…果実の一種。
＊琴爪…琴を弾《ひ》くときに指先にはめる道具。

● 次は、あやかさんとこうたさんが、本文を読んで対話をした内容の一部です。(1)〜(3)に答えましょう。

あやかさん　「蜂飼の大臣」と呼ばれている藤原宗輔が蜂を飼っていることを、世間の人々は「A」と言っていたみたいですね。
こうたさん　でも、鳥羽上皇のお屋敷《やしき》で、B という方法で飛び回る蜂たちを集めたことで、評価も変わったのではないでしょうか。
あやかさん　鳥羽上皇も、宗輔が蜂の習性をよく理解しているところはもちろん、C ところにも、とても感心なさったのでしょうね。

(1) A に当てはまる、世間の人々の発言部分を本文中から五字で書き抜《ぬ》きましょう。

(2) B に当てはまる適切な言葉を十五字以上二十字以内の現代語で書きましょう。

(3) C に当てはまる言葉として適切なものを次から選び、記号で答えましょう。

ア 飼っていた蜂たちが急に飛び回っても、慌《あわ》てずに対応した
イ 突然《とつぜん》の出来事にも驚《おどろ》かず、家来たちに騒《さわ》ぎをおさめさせた
ウ 大切な蜂の巣が壊《こわ》されても、冷静な判断で騒ぎをおさめた
エ 思いがけない場面でも、平然と機転のきいた行動をとった

3

次のうち、返り点に従って読むと「其《そ》の一を識《し》つて、其の二を知らず。」の読み方になる漢文はどれですか。一つ選び、記号で答えましょう。

4点　［大阪府］

ア　識ツテ二其ノ一ヲ一、不《ず》レ知ラ二其ノ二ヲ一。

イ　識ツテレ其ノ一ヲ、不レ知ラレ其ノ二ヲ。

ウ　識ツテ二其ノ一ヲ一、不レ知ラレ其ノ二ヲ。

エ　識ツテレ其ノ一ヲ、不レ知ラ二其ノ二ヲ一。

□

4

次の文章は、『論語』の一節を書き下し文にしたものです。これを読んで、あとの問いに答えましょう。

各7点　計14点　［和歌山県］

> 子《先生》曰《いは》く、三人行けば《同じ道を行けば》、必ず我が師有り。①其《そ》の善なる者を擇《えら》びて《選んで》之《これ》に従《したが》ひ、②其の不善なる者にして之を改む。
>
> （「論語」より）

(1)　——線部①「其の善なる者を擇びて」とありますが、この書き下し文の読み方になるように、返り点を付けましょう。

擇ビテ其ノ善ナル者ヲ

(2)　——線部②「其の不善なる者にして之を改む」とありますが、これに近い意味の故事成語として適切なものを、次から一つ選び、記号で答えましょう。

ア　漁夫の利　　イ　推敲《すいこう》

ウ　他山の石　　エ　蛇足《だそく》

□

5

次の漢詩を読んで、あとの問いに答えましょう。

各6点　計36点　［徳島県・改］

*建《けん》徳《とく》江《かう》に宿《やど》る　*孟《まう》浩《かう》然《ねん》

移シテレ舟《ふね》ヲ泊《と》マル二煙《えん》渚《しょ》ニ一　　舟を移して□

日暮レテ客《かく》愁《しう》新タナリ　　日暮れて客愁新たなり

野*曠《ひろ》クシテ天ハ低《た》レレ樹《き》ニ　　野曠くして天は樹に低れ

江清クシテ月ハ近シレ人ニ　　江清くして月は人に近し

【口語訳】

舟をこぎ寄せて*靄《もや》けぶる砂辺に泊まる。日は暮れて旅の愁《うれ》いが新たにわきおこる。原野が広がり大空は木々に垂れ、川は澄《す》み切って月はわが近くにある。

*建徳江…建徳県（浙江省《せっこうしょう》建徳市）を流れる河川。

*孟浩然…唐を代表する詩人の一人。　*曠…何もなくがらんと開けているさま。

*靄…かすみ。

(1)　この詩のように四句から成る漢詩の形式を何といいますか。漢字二字で書きましょう。

□□

(2) [　　]には、——線部の書き下し文が入ります。——線部の書き下し文を全て平仮名《ひらがな》で書きましょう。

〔　　　　〕

(3) 次は、ひかるさんとゆうきさんが、この漢詩について調べたあと、話し合った内容の一部です。これを読んで(a)～(d)に答えましょう。

ひかるさん　作者は故郷を離《はな》れて孤独《こどく》を感じているようです。この思いは辺りが暗くなる時刻を迎《むか》えたことでわきおこっていますね。

ゆうきさん　唐の時代の詩人は、定まった形式の中で工夫を凝《こ》らして表現しています。この漢詩は、[あ]で内容が変化していて、表現としては、「天は樹に低《た》れ」という比喩《ひゆ》が独特だと思います。空が低くなってくるように感じているのでしょうか。はるか遠くにある月を「人に近し」、つまり、自分に近いと表現しているのも興味深いですね。

ひかるさん　私は、これは作者が空とともに月が近づいてくるように感じていることを表現していると考えましたが、どう思いますか。

ゆうきさん　私は、最後の句は作者の視点が近くに移っているので、空にある月ではなくて、[い]を見ているのだと思いました。

ひかるさん　なるほど、そういう捉《とら》え方もできますね。この漢詩は、目の前の情景描写《びょうしゃ》を工夫することで、作者の[う]を表現しているのだと感じました。

(a) ——線部「辺りが暗くなる時刻を迎えたこと」がわかる言葉を、漢詩中から漢字二字で書き抜《ぬ》きましょう。

[　][　]

(b) [あ]に当てはまるのは第何句ですか。答えましょう。

〔　　　　〕

(c) [い]に当てはまる適切な言葉を五字以上十字以内で書きましょう。

[　][　][　][　][　][　][　][　][　][　]

(d) [う]に当てはまる言葉として適切なものを一つ選び、記号で答えましょう。

ア　自然の中でくつろぎ、旅に出た喜びを実感している気持ち

イ　大空を見ることで、孤独を忘れ去って無心になっていく気持ち

ウ　月をそばに感じ、孤独な心が癒《い》やされていくような気持ち

エ　原野が広がった光景を前に、雄大《ゆうだい》な自然に恐《おそ》れを感じる気持ち

[　　]

合格につながるコラム⑤

試験を解き始める前にやること

スタート前にまずは深呼吸

深呼吸して、気持ちを落ち着かせる

試験当日はどのように振る舞ったらよいか、コツをお伝えしましょう。

試験前には、「勉強したところが出るかな」とか「全然解けなかったらどうしよう」などと、どうしても不安がよぎってしまうと思います。これまでの頑張りを無駄にせず、目標を達成したいと思えば思うほど、不安になってしまいがちですが、力みすぎないことが大切です。不安を抱いたり、焦りを感じたりすると、本来の実力を発揮できなくなってしまうからです。

試験当日は、腹をくくって、「これまで勉強してきたことを生かして、実力を出し切るぞ」と考えて取り組んだほうが、よい結果に結びつきます。特に、本番で緊張しやすい人や不安を感じやすい人は、問題が配られたら大きく深呼吸をしてみましょう。本来の実力を発揮するためには、周りの空気に流されず落ち着いて自分のペースを保つことが大切です。

試験が始まったら、目標のことはいったん忘れて、目の前の問題に集中して、ひたすら解くようにしましょう。これまで目標を設定して勉強を続けてきたのだから、どんな問題にも取り組むことができると、自信をもって試験に臨む姿勢が大切です。

合格をつかむためには、日常的に勉強を続けることに加えて、このような試験当日のメンタルも大きく影響することを、忘れないようにしましょう。

最初に問題全体を見渡す

全体を見渡して、取り組みやすい問題から始める

問題用紙が配られて、深呼吸を終えたら、最初にどんな問題が出ているのか、全体をざっと見渡して把握しましょう。試験が始まって、わき目もふらずに最初の問題から解き始めてしまうと、時間が足りなくなる可能性があるからです。

まず、取り組みやすい問題を見つけたら、その問題から解き始め、その後は、最初の問題から順に解いていきます。このとき、取り組みにくい問題に当たったら飛ばして、次の問題に取り組みましょう。最後に、取り組みにくい問題にもう一度挑戦します。他の問題を解いているうちに、ひらめいたり思い出したりすることもあるからです。できない問題に時間を取られて、解けるはずの問題に取りかかれなかったということのないように、時間配分に注意しましょう。

手順を覚えておこう！

まずは深呼吸
↓
最初に問題全体を見渡す
↓
取り組みやすい問題から解く
↓
最初の問題から順に解く
↓
取り組みにくい問題は飛ばし、まずは、最後まで解く
↓
最後に、飛ばした問題に挑戦

5章

作文

30 条件作文 資料を読んで考えを書こう！①

高校入試で出題される作文問題の多くは、**条件作文**です。与《あた》えられた課題や情報に基づいて、指定の字数に合うように自分の意見や考えをまとめます。

【作文問題に取り組む際の注意点】
・問題文をよく読み、求められている条件や指示を正確に捉《とら》える。
・制限字数を超《こ》えないようにする。また、指定の字数の八割以上は書くようにする。

条件作文の中でも代表的なものの一つが、会話文や図表などの資料を読んだうえで自分の考えを書く問題です。資料として提示されるものには、次のようなものがあります。

①特定の内容が提示された文章や人物どうしの意見交換《こうかん》
②グラフや表（複数を見比べることもある）
③ポスターや案内文（参加を呼びかけるものなど）
④各種の文章（新聞の投書や論説文・小説・随筆《ずいひつ》など）

条件作文は、特に指定がなければ基本的に二段落構成にし、与えられた資料についての分析《ぶんせき》や比較《ひかく》と、意見を分けて書きます。

前段 資料や人物の意見の内容を分析・比較したり、気づいたことを述べたりする。
後段 前段で挙げた内容を踏《ふ》まえて、自分の意見やその根拠《こんきょ》を述べる。

問題によっては、前段に書く内容や使う言葉が指定されていることがあります。

前段の、資料の分析や、事実や意見の比較などは、長くなりすぎないように注意しましょう。指定字数の半分程度か、多くても六割くらいまでにとどめます。
後段の自分の意見やその根拠は、ポイントを絞《しぼ》り、中心となることにだけ的を絞って書くようにします。下書きの際に書きたい内容を箇条《かじょう》書きにしておき、取捨選択《せんたく》するようにしましょう。

答えは別冊12ページ

ある中学校で、【資料】を見ながら、自分の考えの伝え方について話し合いをしました。次の【資料】と生徒のやりとりを読んで、あとの【条件】に従って文章を書きましょう。 〔青森県〕

【資料】

「いいです。」と答えた二つの場面

A 部活動の先輩《せんぱい》から「一緒《いっしょ》に帰らない?」と聞かれ、私は一緒に帰りたいと思い、「いいです。」と答えた。しかし、先輩は「じゃあ、また今度ね。」と言って帰ってしまった。

B レストランで店員から「お皿をお下げしましょうか?」と聞かれ、私はまだ食べている途中《とちゅう》だから下げないでほしいと思い、「いいです。」と答えた。しかし、店員は皿を下げてしまった。

「いいです。」と言っても相手にうまく伝わらないことはよくあるよね。何か原因があるのかな。

そうだね。自分の考えを間違《まちが》いなく伝えるためには、どうすればよいのかな。

【条件】

(1) 題名を書かないこと。

(2) 二段落構成とし、それぞれの段落に次の内容を書くこと。

・第一段落では、【資料】の「いいです。」の意味や使い方について気づいたことを書くこと。

・第二段落では、第一段落を踏《ふ》まえて、自分の意見を書くこと。

(3) 百五十字以上、二百字以内で書くこと。

150

200

ミス注意

文を書き終えたら、表記の誤りがないかどうかについても確認しておこう。

①漢字・仮名遣《かなづか》いの誤りはないか。読点や符号《ふごう》の使い方は適切か。

②一文が長すぎないか。

③文末表現は統一されているか。→入試の作文では、原則は常体「だ・である」に統一するのが望ましい。

④主語・述語の関係は明確か。文がねじれていないか。

学習した日 ／

もう一度

バッチリ!

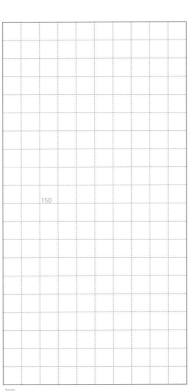

31 条件作文 資料を読んで考えを書こう！ ②

グラフ資料を踏《ふ》まえて答える問題は、一見難しく見えますが、作文の組み立て方は通常の条件作文と同じです。

特に指定がなければ、基本的に二段落構成にし、与《あた》えられた資料についての分析《ぶんせき》や比較《ひかく》と、意見を分けて書きます。

前段 グラフの数値の大小を分析したり、情報や資料内に提示された事実や意見の比較を行ったりする。

後段 前段で挙げた分析や比較をもとに、自分の意見やその根拠《こんきょ》などを述べる。

グラフを読み取る際には、次のようなことに気をつけましょう。

【グラフを読み取る際のポイント】
・特に数値が大きい、あるいは小さいところはあるか。
・資料の数値に急激な変化はあるか（年度ごとの折れ線グラフや棒グラフなどが含《ふく》まれる場合）。
・資料には、全体的にどのような傾向《けいこう》があるか。

前段の資料の分析や、複数のグラフの比較などは長くなりすぎないようにします。指定字数の半分程度か、多くても六割くらいまでにとどめます。

後段の自分の意見やその根拠は、資料に関連する内容からそれないように注意しましょう。

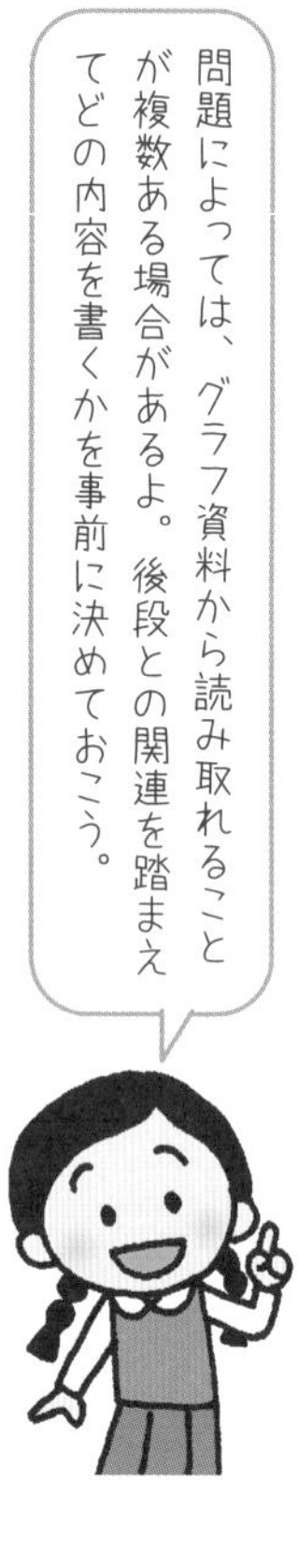
問題によっては、グラフ資料から読み取れることが複数ある場合があるよ。後段との関連を踏まえてどの内容を書くかを事前に決めておこう。

英数字や記号の表記については、次を参考にしましょう。

・アルファベットの略語は「EU」のように縦書きで書く。
・数字は原則として漢数字で書く（例「14」→「十四」）が、年号などは「二〇二四」のように「〇」を使う。
・資料中の数値などを算用数字で表記したり、「パーセント」「メートル」などの単位を「%」「m」の記号で表記したりしても構わないが、同じ文章中で統一すること。

答えは別冊12ページ

次の資料は、内閣府が行ったインターネットの利用についての調査結果のうち、「インターネットを利用している」と答えた満十歳《さい》から満十七歳までの回答をまとめたものです。

国語の授業で、この資料から読み取ったことをもとに「インターネットの適切な利用」について、一人一人が自分の考えを文章にまとめることにしました。あとの【注意】に従って、あなたの考えを書きましょう。〔23 埼玉県・改〕

【資料】

① インターネットの使い方について、何か家庭でルールを決めていますか

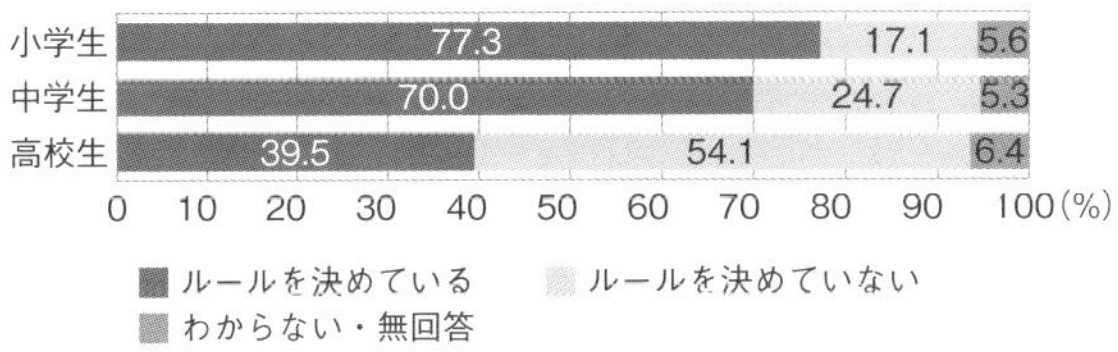

② あなたの家庭で決めている「インターネットの使い方のルール」に当てはまるもの

※複数回答

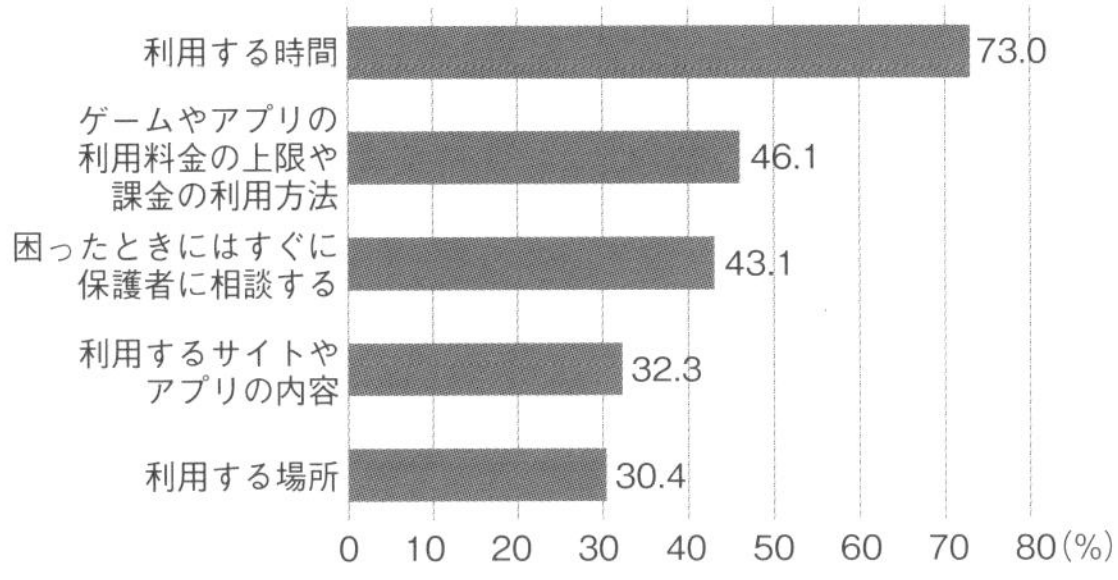

内閣府　令和３年度「青少年のインターネット利用環境《かんきょう》実態調査」より作成

【注意】

(1) 二段落構成とし、第一段落では、あなたが資料から読み取った内容を、第二段落では、第一段落の内容に関連させて、自分の体験（見たこと聞いたことなども含《ふく》む）を踏《ふ》まえてあなたの考えを書くこと。

(2) 文章は、百六十五字以上、百九十五字以内で書くこと。

(3) 原稿《げんこう》用紙の正しい使い方に従って、文字、仮名遣《かなづか》いも正確に書くこと。

(4) 題名・氏名は書かないで、一行目から本文を書くこと。

学習した日

もう一度

バッチリ!

32 条件作文 テーマについての考えを書こう！

条件作文の中でも、一つのテーマが短い言葉で提示され、それについて指定字数にまとめるタイプの条件作文では、具体例と意見を二段落に分けて書きます。

前段 与《あた》えられたテーマに関わる具体例として、自分の経験や事実などを挙げる。

後段 前段で挙げた具体例を踏《ふ》まえて、自分の意見や感想を述べる。

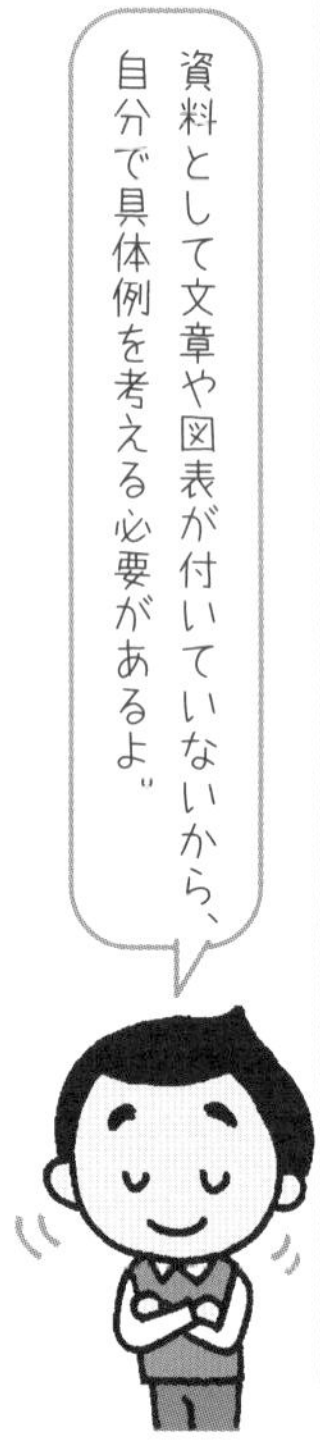
資料として文章や図表が付いていないから、自分で具体例を考える必要があるよ。

次のような手順でまとめましょう。

①提示された条件に基づいて、具体例として挙げる題材を決める。
②自分の意見の中心を決める。
③具体例が自分の意見に合った内容かを確認する。

具体例は長くなりすぎないように注意しましょう。指定字数の半分程度か、多くても六割くらいまでにとどめます。具体例は、次のようなポイントを押《お》さえて選ぶようにします。

・与えられた条件に沿った内容であること。
・自分の中で強く印象に残っていること。
・自分の身近な出来事や体験した出来事。
・ありふれた経験よりも、独自性の強い経験。

自分の意見や感想をまとめる際には、次のようなことに注意しましょう。

・まず具体例（経験・事実）に含《ふく》まれた問題点や気になった点を挙げ、そのあとでそれについての意見を述べる。
・主張したい意見は一つに絞《しぼ》り、「なぜ」そのように考えたのかがわかるように書く。
・意見は、新聞やテレビで見聞きしたことの受け売りではなく、自分が感じ、考えたことを自分の言葉で書く。

答えは別冊12ページ

「世の中が便利になること」について、あなたの考えを二百四十字以上、三百字以内で書きましょう。なお、次の【条件】に従って書くこと。〔栃木県〕

【条件】

(1) 二段落構成とすること。

(2) 各段落は次の内容について書くこと。

第一段落

・あなたが世の中にあって便利だと思っているものについて、具体的な例を挙げて説明しましょう。例は、あなたが直接体験したことでも見たり聞いたりしたことでもよい。

第二段落

・第一段落に書いたことを踏《ふ》まえて、「世の中が便利になること」について、あなたの考えを書きましょう。

240

300

ミス注意

前段の具体例は、後段の考えに直接結び付く内容になっているかどうかを確かめよう。後段で自分の意見を書くときは、理由を加えて説得力をもたせるように工夫しよう。

学習した日
／
もう一度
バッチリ！

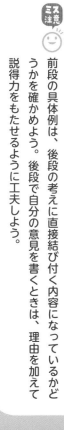

実戦テスト 5

答えは別冊13ページ

5章 作文

得点　／100点

1 あなたは国語の授業の中で、「これからの社会で私たちに求められる力」について議論しています。最初にクラスメートの花子さんが次のような意見を発表しました。あなたなら、花子さんの発言に続いてどのような意見を発表しますか。あなたの意見を、あとの【条件】1〜3と【注意】に従って、書きましょう。 30点〔香川県〕

花子　私は、これからの社会では自分以外の人々のことを受け入れる力が求められると思います。私たちの社会では、海外に住む人たちとも協力して、さまざまなことを行う必要があります。そのような中で、相手の発言にこめられた思いや考え方を理解しようと努力して、相手の存在を受け入れていく力が大切になるのではないでしょうか。皆《みな》さんは、これからの社会では、私たちにどのような力が求められると思いますか。

【条件】

1 花子さんの意見を踏《ふ》まえて、「これからの社会で私たちに求められる力」に対するあなたの意見を書くこと。

2 身近な生活における体験や具体例などを示して書くこと。

3 原稿《げんこう》用紙の正しい使い方に従って、二百五十字程度で書くこと。ただし、百五十字以上書くこと。

【注意】

1 部分的な書き直しや書き加えなどをするときは、必ずしも「ますめ」にとらわれなくてよい。

2 題名や氏名は書かないで、本文から書き始めること。また、本文の中にも氏名や在学（出身）校名は書かないこと。

150

250

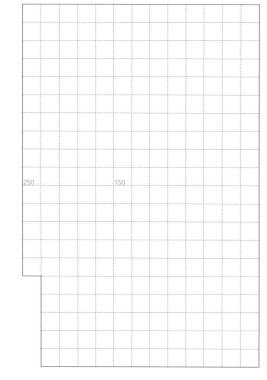

2

次の**【資料】**は、「あなたにとって『美しい日本語』とはどのような言葉か」という質問に対する回答結果を示したものです。**【資料】**からわかることにも触《ふ》れながら、「美しさを感じる言葉」とはどのようなものかということについてのあなたの考えを、三百字以内で書きましょう。

35点［大阪府］

【資料】「あなたにとって『美しい日本語』とはどのような言葉か」
（全国の16歳《さい》以上を対象に調査・下記の選択《せんたく》肢《し》から三つまで選択可）

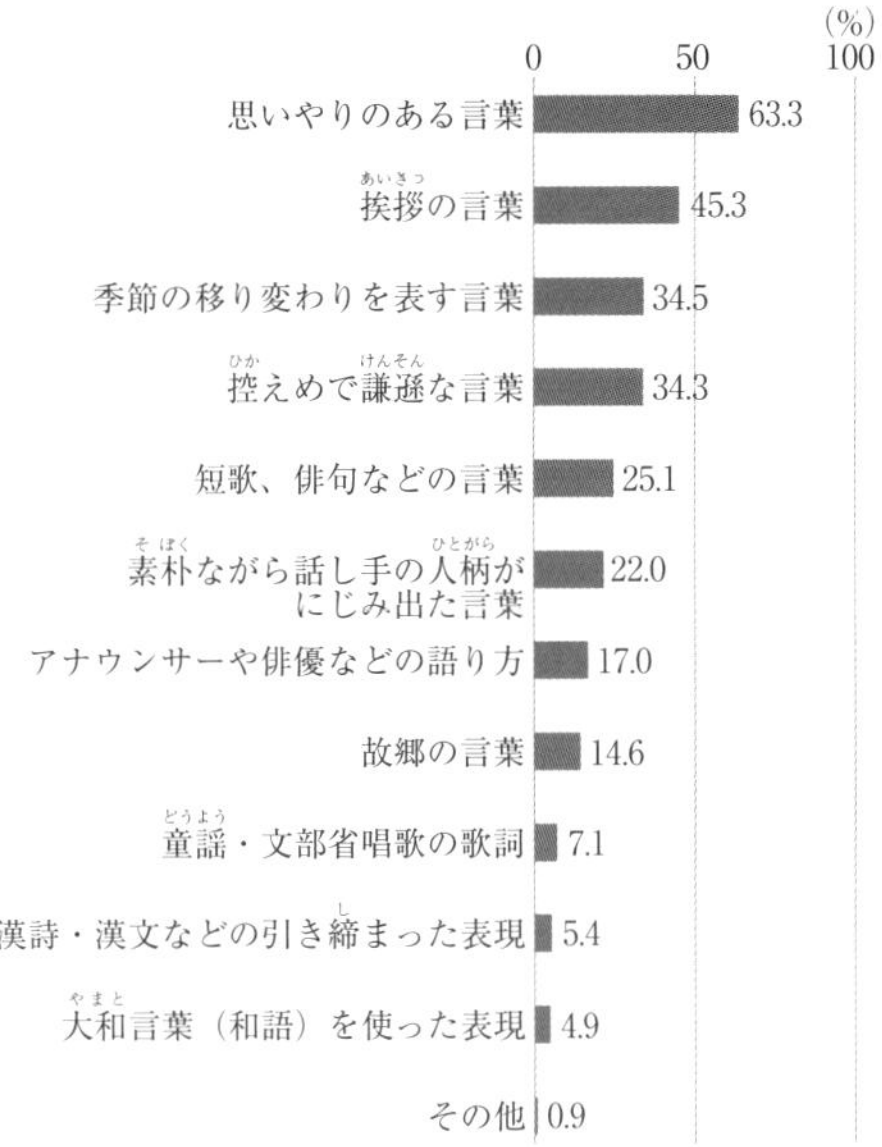

（%）
0
50
100
思いやりのある言葉 63.3
挨拶《あいさつ》の言葉 45.3
季節の移り変わりを表す言葉 34.5
控《ひか》えめで謙遜《けんそん》な言葉 34.3
短歌、俳句などの言葉 25.1
素朴《そぼく》ながら話し手の人柄《ひとがら》がにじみ出た言葉 22.0
アナウンサーや俳優などの語り方 17.0
故郷の言葉 14.6
童謡《どうよう》・文部省唱歌の歌詞 7.1
漢詩・漢文などの引き締《し》まった表現 5.4
大和《やまと》言葉（和語）を使った表現 4.9
その他 0.9

（「国語に関する世論調査」（文化庁）により作成）

3

あなたが今までに影響《えいきょう》を受けた人物や物事について、その影響によって自分がどう変化したのかを交えて、次の**【条件】**に従って書きましょう。

35点［秋田県］

【条件】
・題名は不要。
・字数は二百字以上、二百五十字以内。

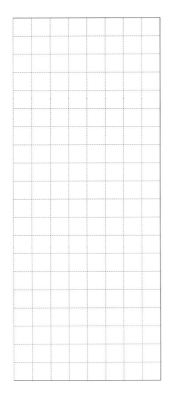

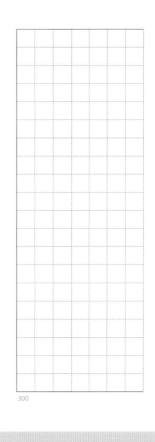

合格につながるコラム⑥

作文って、どう対策すればいいの?

高校入試の作文・小論文対策は必須

早いうちから問題を解いて、慣れておく

近年の高校入試では、作文・小論文が出題される割合が高まっています。もはや避けては通れないものとして、作文・小論文の問題には慣れておくことが大切です。

高校入試での作文・小論文は、これまでの「自分の体験したことや感じたことを、気持ちのおもむくままにまとめる」作文とは異なり、課題や条件にあわせて相手(採点者)に伝わる文章を書くことがポイントです。特に、設問の条件(字数・行数・段落構成・内容)については、細かく指定されるものが多いので、しっかり守るようにしましょう。

作文・小論文は書き方がわかっても、時間内に指定の条件で書き上げるには慣れが必要です。早いうちから対策を始めて、コツをつかむようにしましょう。

どのようなテーマが出題されているか

高校入試の作文・小論文の出題傾向を知る

高校入試の作文・小論文の問題で高得点を得るためには、ただ文章を書く経験を積めばよいというものではありません。どのような出題傾向があるのかを事前に知り、問題集や過去の入試問題を解いて、練習を重ねることが大切です。

では、高校入試の作文・小論文では、どのような問題が出題されているのでしょうか。

一つは、個人的なことについて書く問題です。「高校生活への抱負」「中学校生活の思い出」「志望理由」などが挙げられます。これらは特に、推薦入試で多く問われる傾向にあります。

もう一つは、社会的なテーマについて書く問題です。例えば、環境問題や情報化社会、少子高齢化など、世の中で問題とされているテーマが出題される傾向にあります。

都道府県や各私立校ごとにはっきりとした出題傾向があるため、志望校が決まったら、その都道府県や学校の過去問題数年分に目を通しましょう。傾向が見えてきたら書き方のポイントや時間の配分について整理し、似た傾向の問題を数多く解いて、対策するとよいでしょう。

まずは、この本の入試問題に取り組んで、いくつかの出題パターンを知り、少しずつ慣れていこう。

模擬試験

実際の試験を受けているつもりで取り組みましょう。
制限時間は各回45分です。

制限時間がきたらすぐにやめ、
筆記用具を置きましょう。

模擬試験①

時間45分

100点満点

点

解答・解説は別冊14ページ

1

次の文章を読んで、あとの問いに答えなさい。

〔(1)各1点　(2)(3)各3点　(4)(6)各6点　(5)各7点　(7)7点　計44点〕

> 小学六年生の天羽駆《あもうかける》は、ロケット発射基地のある南の島に、一年間限定の「宇宙遊学生」として他の四人とともに転校してきた。お世話になっている里親のおじさんを「おやじ」と呼んでいる。川をせき止めて水をかき出し、魚やエビをつかまえる「鯉《こい》くみ」という、島の伝統行事の当日は、ロケット打ち上げの日でもあった。

①なんて光景だろう。魚が跳《は》ねるしぶきと、みんなが立てるしぶきがⓐ一緒になって、きらきら光っていた。

水草の根元にⓑ網を入れた小さい子が、「エビだよー!」と叫《さけ》んだ。

「お、[1]ダクマがいっぱい入ったな。これはうまいぞ」とおやじがのぞき込《こ》んだ。

水面下で何かが足に触《ふ》れて、駆もわあっと声をあげた。太くA長いものがにゅーっと通ったからだ。色は黒っぽかった。

「大きいミミズ!」と誰《だれ》か小さい子が悲鳴をあげた。

「ちがうよ、ウナギだ!」

駆は反射的に水に手を突《つ》っ込んで、ぎゅっと握《にぎ》りしめた。ⓒムネまで持ち上げたけれど、ぬるっと抜《ぬ》けて、太いウナギが宙を舞《ま》った。

(中略)

萌奈美《もなみ》がすごく大きな魚を抱《かか》え上げ、希実《のぞみ》が脇《わき》から支えようとしていた。

鯉だった。

これまで見たことがないくらい大きかった。B小柄《こがら》な一年生くらいはあるんじゃないだろうか。

萌奈美と希実が二人で運ぼうとしても、大きな尾《お》びれがばたつくので、なかなか進めない。何度も大きなしぶきを飛ばし、Cそのたびに小さな虹《にじ》がかかった。

きゃっきゃっと大騒《おおさわ》ぎしながら、川岸で待っていた先生のたも網に鯉をうまく落とした。

そして、イェーイ! と大きくジャンプした。またしぶきがあがって、きらきら光った。

とっておきの青空の下で、特別な瞬間《しゅんかん》だった。

おやじが、川で「鯉くみは楽しい」と言った意味が分かる。これだけの魚を駆は一度に見たことがなかった。川は水だけでなくて、生き物の流れだ。これまで思っていた以上にそうだ。新しいことを知るたびに、駆の頭の中の地図も広がっていく。

ドゥゥゥ、と地面が揺《ゆ》れた。

ジャンプしていた萌奈美と希実が、はっとして跳《と》ぶのをやめた。

[2]地震《じしん》? 火山?

ちかげ先生が、携帯端末《けいたいたんまつ》を耳にあてたまま何か叫《さけ》んでいるのが見えた。

(中略)

先生の声は、地鳴りに消されてD全く聞こえなかった。

赤い岩山の向こうに光が見えた。

誰かが、たたたたっと駆《か》けてきて、土手の上から、高々と指さした。

ロケットだった。

あまりに明るいので、太陽が二つある星にいるみたいだった。空気がびりびりⓓワれて、耳ではなく体に響《ひび》いた。

鯉くみに夢中だったはずなのに、もう目が離《はな》せなかった。

ⓔセスジがじんじんした。

ここは宇宙の島。川や森や田んぼが、宇宙と未来につながる島。

今、宇宙に向かっているのは、地球の雨と雲を見守る全球観測主衛星。そして、情報収集衛星だったっけ。

考えている間に、炎《ほのお》と煙《けむり》はどんどん遠ざかった。

本当にあっという間だ。

あのロケットは、すごく遠くまで旅をする。

じゃあ、ぼくはどこまで遠くにいけるんだろう。

なぜか、そんなことを考え、②上を向いたまま動けなかった。

（川端裕人《かわばたひろと》「青い海の宇宙港　春夏篇《へん》」〈早川書房〉より）

（注）**1**ダクマ＝テナガエビのこと。　**2**ちかげ先生＝担任の先生。

(1) ――線部ⓐ～ⓔの漢字は読み方を平仮名《ひらがな》で、片仮名は漢字に直して書きなさい。

ⓐ〔　　〕　ⓑ〔　　〕　ⓒ〔　　〕

ⓓ〔　　〕　ⓔ〔　　〕

(2) 〰〰線部A～Dのうち、連体詞であるものはどれですか。一つ選び、記号で答えなさい。〔　　〕

(3) ══線部「反射的」の意味として適切なものを次から一つ選び、記号で答えなさい。

ア すばやく頭を働かせて行動する様子。

イ ある刺激《しげき》に対して、すぐに反応する様子。

ウ 目の前で起きたことにあせって物事を行う様子。

エ よく考えて動作を起こす様子。〔　　〕

(4) ――線部①は「鯉くみ」の「光景」のことですが、文章中の鯉くみの描写《びょうしゃ》の説明として適切なものを次から一つ選び、記号で答えなさい。〔　　〕

ア 川の中での子どもたちの高揚《こうよう》した様子を、擬態《ぎたい》語や擬声語を多用して生き生きと描《えが》いている。

イ 川の中で子どもたちがとまどいを隠《かく》せないでいる様子を、それぞれの心の中の言葉を効果的に用いて描いている。

ウ 川の中で子どもたちの魚への恐怖《きょうふ》が興味へと変化していく様子を、短文を重ねてテンポよく描いている。

エ 川の中で子どもたちがそれぞれに新しい発見をした様子を、生き物の様子と対比させて印象深く描いている。〔　　〕

(5) 「鯉くみ」についての「駆」の気持ちを説明した次の文の空欄《くうらん》部に当てはまる言葉を、それぞれ文章中から二字で書き抜《ぬ》きなさい。

＊おやじの言っていたとおり鯉くみは（ X ）。そして川が水だけでなく（ Y ）の流れだということを実感できた。

X　　Y

(6) 場面が変わる出来事が起こる部分の初めの四字を書き抜きなさい。

(7) ――線部②「上を向いたまま動けなかった」とありますが、このときの「駆」はロケットの旅に自分の何を重ね合わせていると考えられますか。文章中から二字の言葉を書き抜きなさい。

1章　2章　3章　4章　5章　模擬試験①

2

次の文章を読んで、あとの問いに答えなさい。〔(1)各1点　(2)3点　(3)(4)各5点　(5)6点　(6)8点　計42点〕

1蕪村《ぶそん》（一七一六〜八三）の有名な句に、

菜の花や月は東に日は西に

というのがあります。句の意味は、菜の花が一面にⓐ輝くように咲《さ》いているなか、時刻は夕暮れ時になって、東から[A]が昇《のぼ》り、西には[B]が沈《しず》んでいくことだ、となります。ちなみに、夕方に東の空に出るのは、満月の頃《ころ》の月です。つまり、東から昇ってくるのは白く丸い月で、それが赤々と燃えるような夕日に対置されているわけです。

描《えが》かれている光景を想像してみると、中央に菜の花畑、一方に昇る[A]、一方に沈む[B]というような、対照性の際《きわ》立った立体的な図像がⓑ脳裏に浮《う》かび上がってくるのではないでしょうか。色という意味でも黄・[C]・[D]と多彩《たさい》で、構図・色彩ともにⓒ印象鮮明な一句と言えるでしょう。それもそのはず、蕪村は俳人というだけではなく、画家でもあったのです。しかも余技で絵を描《えが》いていたのではなく、一流の画家でした。

（中略）

この句は完全に蕪村のオリジナルではないという指摘《してき》もなされています。

丹後《たんご》（現在の京都府北部）に伝わる民謡《みんよう》に、

月は東に、2昴《すばる》は西に、いとし殿御《とのご》は真中《まんなか》に　（「山家鳥虫歌《さんかちょうちゅうか》」）

というのがあります。ここでは、中央に恋《こい》しく思っている殿方《とのがた》、東と西に月と昴星《ぼうせい》が配されています。なあんだ、ずいぶんⓓニている句があるんだなと思われるかもしれませんが、ちょっと待って下さい。たしかにこの民謡もそれなりに図像的ですが、蕪村はそこに二つの工夫を加えて、さらに構図に磨《みが》きをかけています。

①一つ目の工夫は、「殿御」を「菜の花畑」に変えたところです。

人間が句の中からいなくなって、自然物だけになりました。結果として叙景《じょけい》的な感じが増しています。「殿御」が描かれていれば、その人へのいとおしさという人間的な感情が入ってきます。それはそれで、文学の大事な題材なのですが、この場合はそのような感情はⓔレイセイに排除《はいじょ》され、自然物の美しさだけをクローズアップすることで、光景そのものが持つ客観的な美を表現しようとして成功しています。

②もう一つの工夫は、「昴」を「日」に変えたことです。「月」と「昴」が対照されているよりも「月」と「日」が対照されている方が、なぜ構図的にまさっているのでしょうか。それは、たとえば天《あま》照大神《てらすおおみかみ》は日の女神で、その弟は月読尊《つきよみのみこと》であるというように、日本文学の伝統の中で、空に浮《う》かぶ星としては「月」と「日」という二者こそが最も重要なものとして認知されてきたからに他なりません。月と対等なものは日しかなく、日に対等なものも月しかありません。つまり、月・昴を月・日と変えたことによって、堂々とした左右対称《たいしょう》の光景が描き出せるわけです。画家兼《けん》俳人のすぐれた3審美眼《しんびがん》がそこにはあります。「山家鳥虫歌」という人々になじみの民謡を用いても、そこに自分らしさを投影《とうえい》させる。その好例が「菜の花や」の句なのです。

（鈴木健一《すずきけんいち》「知ってる古文の知らない魅力《みりょく》」〈講談社〉より）

（注）1 蕪村＝与謝《よさ》蕪村。江戸《えど》時代の俳人。
2 昴＝おうし座にある「プレアデス星団」の和名。
3 審美眼＝美しいものと醜《みにく》いものとを的確に識別する力。

(1) ——線部ⓐ～ⓔの漢字は読み方を平仮名《ひらがな》で、片仮名は漢字に直して書きなさい。

ⓐ〔　　〕 ⓑ〔　　〕 ⓒ〔　　〕
ⓓ〔　　〕 ⓔ〔　　〕

(2) ～～線部「想像」と熟語の構成が同じものを次から一つ選び、記号で答えなさい。 〔　　〕

ア 小川　イ 絵画　ウ 開場　エ 往復

(3) 空欄《くうらん》部A・Bに入る言葉を、Aは漢字一字、Bは漢字二字で答えなさい。

A □　B □□

(4) 空欄部C・Dに当てはまる色を表す漢字をそれぞれ一字で答えなさい。

C □　D □

(5) ——線部①「一つ目の工夫」によって、何が表現されたことになるのですか。文章中から十四字で書き抜《ぬ》きなさい。

□□□□□□□□□□□□□□

(6) ——線部②「もう一つの工夫」とありますが、「月」と「日」の対照に変えたのはなぜだと筆者は考えていますか。文章中の言葉を使って説明しなさい。

〔　　　　　　　　〕

3

次の漢文の書き下し文を読んで、あとの問いに答えなさい。 〔(1)(2)各4点 (3)6点 計14点〕

嘉肴《かかう》有りと雖《いへど》も《おいしいごちそうがあっても》、食《くら》はざれば其《そ》の旨《うま》きを知らざるなり。至道《しだう》《すぐれた》有りと雖も《教えがあっても》、学ばざれば①其の善きを知らざるなり。是《こ》の故《ゆゑ》に、学びて然《しか》る後《のち》に《その後に》足らざるを知り、教へて然る後に②困《くる》しむを知る《人に教えることが難しいと知って苦しむ》。□、然る後に能《よ》く自《みづか》ら反《かへり》みるなり《反省することができる》。困しむを知りて、然る後に能く自ら強《つと》むるなり《勉学に努めるようになる》。故《ゆゑ》に曰《いは》く、教学相《あひ》長ずるなりと。

（「礼記《らいき》」より）

(1) ——線部①「其の善きを知らざるなり」は、「不知其善也」を書き下し文に改めたものです。書き下し文を参考にして、返り点を付けなさい。

不ル 知ラ 其ノ 善キヲ 也

(2) 空欄部には「知リテレ不ルヲレ足ラ」という漢文が入ります。書き下し文に直しなさい。

〔　　　　　　　　〕

(3) ——線部②「困しむ」とありますが、教えることの難しさを知って苦しむことで、どんなことを悟《さと》ったと考えられますか。次から一つ選び、記号で答えなさい。

ア 自分には人を説得させられるような話し方ができないこと。
イ 自分は教わる人の気持ちを推し量れないこと。
ウ 自分が学問の楽しさを伝えずに済ませてしまったこと。
エ 自分の学問が十分ではなかったこと。

〔　　〕

模擬試験②

時間45分

100点満点

点

↓解答・解説は別冊15ページ

1

次の——線部①〜⑤の漢字は読み方を平仮名《がな》で、⑥〜⑩の片仮名は漢字に直して書きなさい。［各1点 計10点］

① 契約《けいやく》に関する交渉がまとまる。
② 雨天中止を決めたのは賢明な判断といえよう。
③ 健康を維持するために早寝《はやね》早起きを続ける。
④ クラス目標を黒板の上に掲げる。
⑤ 祖父は町内会の仕事に長く携わっている。
⑥ 旅行のメンミツな計画を立てる。
⑦ パイロットが旅客機をソウジュウする。
⑧ フクザツな仕組みの機械。
⑨ 最終的な決定を会長にユダねる。
⑩ 弟が九九をトナえる。

2

次の文章を読んで、あとの問いに答えなさい。

［(1)(2)各3点 (3)各7点 (4)(7)各6点 (5)4点 (6)Ⅰ6点 Ⅱ8点 (8)10点 計60点］

現代社会では、つねにイノベーション[1]が要求されるようになった。知識が加速的に増え、それを習得し、新たな知を生み出す。こうした知的な活動の中で注目されているのが、暗黙知《あんもくち》を形にしていくことである。

暗黙知とは、言語化されていない知である。一流の仕事をしている人は、自分の頭の中で起こっていることを言語化しなくても、暗黙の知によって高度な仕事を遂行《すいこう》している。言語的な知と対比させて、「身体知」とこれを呼ぶこともできる。アーティスト、職人、スポーツ選手は、それぞれの身体知を豊かに有している。これに対して、「形式知」とは、言語化され、マニュアル化された明示的な知である。例えば一人の熟練工が持っている身体の知恵《ちえ》を個人のものにとどめるのではなく、仲間同士で共有し、システムにまで仕上げることがクリエイティブな組織の在り方として必要とされている。

①かつての徒弟制的な関係[2]では熟練した技を持つ職人の身体知・暗黙知は、丁寧《ていねい》に教えてもらえるものではなく、職場で先輩《せんぱい》の技を見て盗《ぬす》むというのが当たり前の学習プロセスであった。優れた技を自分の目で見て、ポイントを見抜《みぬ》き、自分で技として身につけていく。このプロセスは確かに主体的な学習といえる。

しかし、このやり方では学習者の意欲や能力に依存《いぞん》する面が大きい。したがって組織としては、安定した運用が望みにくい。一子相《いっしそう》[3]伝《でん》のように暗黙知を伝えていくことは芸能の世界ではある。しかし、マーケット（市場）で刻一刻結果が求められる現代のビジネスシーンでは、一人ひとりが持っている暗黙知をチームで共有し、システムとしてスピード感をもって運用していくことが必要とされる。

暗黙知をシステム化していくプロセスについては、野中郁次郎《のなかいくじろう》・竹内弘高《たけうちひろたか》の『知識創造企業《きぎょう》』が詳《くわ》しい。ホームベーカリーという商品の開発を例にとれば、パン生地を練るプロセスにおける暗黙知の活用が課題となる。熟練パン職人の練りの技能を学ぶために、ソフトウェア担当者が職人と経験を共有する。開発中の機械と熟練パン職人の練り方がどう違《ちが》うのかに注目し、職人の言葉にしにくい暗黙知を何とかとらえようとする。そして、カギとなる動きを「ひねり出し」という言葉で表現し、チームのエンジニアたちとその動きを機械でどう実現できるかを研究する。 X 、容器の内側に特殊《とくしゅ》な畝《うね》をつける発想が生まれた。畝によって、熟練パン職人の練りの動きの暗黙知が形になったのである。

②暗黙知や身体知を共有し、それを明確な形式知にしていくプロセスは、まさに新しい学力が求める実践《じっせん》的な知の在り方である。才能のある人間が直感的にとらえている知を明確に言語化することによって、多くの人が共有できるようにする。あるいは相撲《すもう》の本質を理解し実践できる横綱《よこづな》の暗黙知を、「型」として共有できるようにすることも、暗黙知を形式知化するプロセスの一種である。例えば相撲の四股《しこ》がその型であろう。

型を通じて熟練者の暗黙知・身体知が初心者や子どもにも身につけやすくなる。日本のかつての教育の柱であった「型」の教育は、暗黙知や身体知を人から人へと移動させていく効果的な学習プロセスであったといえる。特別な才能を持たない人でも、才能とセンスのある人間が獲得《かくとく》した暗黙知に近づくことができる、これが上手に設定された型のよさである。

つまり型は、一般《いっぱん》的な学習プロセスを支える、効果的な教育プログラムであった。例えばそろばんは修練すれば誰《だれ》でもある程度身につく技術である。読み書きそろばんが江戸《えど》時代には基本的な能力とされた。そろばんを型として身につけた人は暗算が速い。そろばんという型の教育が計算能力を身につけさせる王道となっていたのである。

◆優れた型は暗黙知を共有するために有効である。しかし、型が間違っていればそれは非効率なものとなる。スキーのジャンプ競技では、現在はスキー板をV字に開くことが型になっている。4札幌《さっぽろ》五輪のときのように板をそろえて飛ぶことは今ではよい型とはされていない。型もつねに改良を加える必要があるのである。テニスでも、現在多くの選手はバックハンドを両手で行《おこ》なっている。しかし、ジミー・コナーズやビヨン・ボルグが一九七〇年代に両手打ちのバックハンドを行なっていたときは、それはむしろ変則的な技術であった。それがしだいに両手打ちのバックハンドの優位性が認められるようになり、現在の主流となっている。それに応じて子どもや初心者がはじめに教わるフォーム（型）も当然変わってきた。

時代の変化が遅《おそ》ければ一つの型が長く持つ。だが、つねにイノベーションを求められる現代社会では、暗黙知を明確な知として共有し、そこから型を創り上げ、それを修正し続けるという作業が必要とされる。

新しい学力は、現実に対しての対応力を重視するものである。これまでの知識内容を習得することは文化の継承《けいしょう》として変わらず重要なことであるが、状況《じょうきょう》の変化に適応するいわば「知の適応力」が急速に求められるようになったのである。

（齋藤孝《さいとうたかし》「新しい学力」〈岩波書店〉より）

（注）
1 イノベーション＝技術革新。
2 徒弟制＝商人や職人の家に小さい時から住み込《こ》んで仕事を習う制度。
3 一子相伝＝学問や技術の奥義《おうぎ》（奥《おく》深い最も大事な点）を自分の子一人だけに伝えること。
4 札幌五輪＝一九七二年に札幌で開催《かいさい》された冬季オリンピック。

(1) ――線部「当たり前」と似た意味の熟語になるように□に当てはまる漢字を答えなさい。

当□

(2) 〰〰線部「ことである」の「で」と同じ意味・用法のものを、次から一つ選び、記号で答えなさい。〔　　〕

ア 早朝は静かで気持ちがよい。　イ 鳥が大空を飛んでいく。
ウ 兄は高校生で、妹は小学生だ。　エ 友人と駅で会う予定だ。

(3) この文章で説明されているA「暗黙知」とB「形式知」について次のようにまとめました。それぞれの空欄《くうらん》部に当てはまる言葉を、文章中からAは十字、Bは二十字で書き抜《ぬ》きなさい。

A 暗黙知
一流の仕事をしている人が、直感的にとらえている□□□□□□□□□□。

B 形式知
□□□□□□□□□□□□□□□□□□□□。

(4) ――線部①「かつての徒弟制的な関係」の「知」の継承《けいしょう》のしかたが現代の組織ではうまく機能しないと考えられるのはなぜですか。その説明として適切なものを次から一つ選び、記号で答えなさい。

ア 徒弟制のやり方は、先輩《せんぱい》が学習者一人ひとりに技を伝えなければならない仕組みになっているので、組織という大人数を相手にすることは難しいから。
イ 徒弟制のやり方は、学習者が先輩の技について研究し細かく先輩に確認しながら進めるものだが、組織で行おうとすると先輩の仕事を止めることになり効率が落ちてしまうから。
ウ 徒弟制のやり方は、学習者が先輩の技を自分のものにしようとするやる気や能力に左右されてしまい、組織全員に対して迅速《じんそく》に安定して学習を進めさせることは難しいから。
エ 徒弟制のやり方は、学習者に技を伝える教育方法が定まっていないので、先輩の教育力に頼《たよ》らざるを得ず、組織の多様な学習者への対応は負担が大きくなってしまうから。〔　　〕

(5) 空欄部Xに当てはまる言葉を次から一つ選び、記号で答えなさい。

ア ところが　イ つまり　ウ また　エ そこで　〔　　〕

(6) ――線部②「暗黙知や身体知を共有し、それを明確な形式知にしていくプロセス」として、教育現場で行われたのは、Ⅰ何の教育ですか。また、Ⅱそれはどんな点で効果的なのですか。Ⅰは文章中の一字の言葉で、Ⅱは文章中の言葉を使って答えなさい。

Ⅰ □
Ⅱ 〔　　　　　　〕

(7) ◆の段落の働きの説明として適切なものを、次から一つ選び、記号で答えなさい。

ア 前までで述べてきたことの例を示して、主張をよりわかりやすくまとめている。
イ 前までで述べてきたことの別の面について例を挙げながら説明し、次の段落で示す主張の根拠《こんきょ》にしている。
ウ 前までで述べてきたことに対する反論を挙げ、それへの説明を行うことで、それまでの主張を補強している。
エ 前までで述べてきたことに対する疑問点を紹介《しょうかい》して、次から展開する正反対の論へとつなげている。〔　　〕

(8) 筆者は、現代社会における知的な活動においてどのようなことが必要とされていると述べていますか。文章中の言葉を使い、「暗黙知」を入れて四十字以内で答えなさい。

3

次の文章を読んで、あとの問いに答えなさい。

〔(1)5点　(2)各3点　(3)4点　(4)5点　(5)各5点　計30点〕

九月ばかり夜一夜《よひとよ》降り明かしつる雨の、今朝はやみて、朝日いとけざやかに（鮮《あざ》やかに）さし出《い》でたるに、1前栽《せんざい》の露《つゆ》はこぼるばかり濡《ぬ》れかかりたるも、①いとをかし。2透垣《すいがい》の羅文《らんもん》、軒《のき》の上などはかいたる（かかっている）蜘蛛《くも》の巣のこぼれ残りたる（切れ残っている）に、雨のかかりたるが、②白き玉を貫《つらぬ》きたるⓐやうなるこそ、いみじうⓑあはれにをかしけれ。

すこし日たけぬれば（日が高く昇《のぼ》ってしまうと）、萩《はぎ》などの、いと重げなるに、露の落つるに、枝うち動きて、人も手触《ふ》れぬに、ふと上《かみ》ざまへあがりたるも、いみじう③をかし。と言ひたる事どもの、人の心には、つゆをかしからじ（少しもおもしろくないだろう）と思ふこそ、また④をかしけれ。

（「枕草子《まくらのそうし》」より）

（注）
1 前栽＝庭先に植えた草木。植木。
2 透垣の羅文＝透垣（板か竹で、少し間をあけて作った垣根《かきね》）の上部に設ける飾《かざ》り。細い木や竹を二本ずつひし形に交差させて組む。

---

(1) 〰〰線部「をかしけれ」は、上に「こそ」という助詞があるために形が変わっています。このような古典の文章での助詞と文末の結び付きの関係を何といいますか。四字で答えなさい。

(2) ‖線部ⓐ「やう」、ⓑ「あはれに」を現代仮名遣《づか》いに直して書きなさい。　ⓐ〔　　〕ⓑ〔　　〕

(3) ——線部①「いと」の表している意味として適切なものを次から一つ選び、記号で答えなさい。

ア 少し　**イ** 細く　**ウ** たいそう　**エ** いきなり　〔　　〕

(4) ——線部②「白き玉」は何のことを表したものですか。適切なものを次から一つ選び、記号で答えなさい。

ア 花びら　**イ** 水滴《すいてき》　**ウ** 葉　**エ** 小さな虫　〔　　〕

(5) 第二段落には「おもしろい」という意味の言葉が二回（——線部③「をかし」・④「をかしけれ」）使われていますが、それぞれどんなことについて「おもしろい」といっているのですか。次から一つずつ選んで、記号で答えなさい。

ア 人が露を払《はら》うと、枝が勢いよく上にはね上がったこと。

イ 露が落ちて人が触れていないのに枝が上にはね上がったこと。

ウ 自分と同じことを人もおもしろいと感じるだろうこと。

エ 自分はおもしろいと感じても、人はつまらなく感じるだろうと思うこと。

オ 露を落として枝を動かすことをおもしろがる人の気持ちを理解できないと思うこと。

③〔　　〕④〔　　〕

漢字の確認

答えは別冊16ページ

1 一字の漢字の読み取り

(1) 代々、飲食業を営む。

(2) 参加者の半数は十代が占める。

(3) 市民の憩いの場である公園。

(4) 台風の後に川の水が濁る。

(5) 休養を取って体調を整える。

(6) 宵のうちから雨が降り出す。

(7) 将来の夢が膨らむ。

(8) 監督《かんとく》がチームを率いる。

(9) 市民の便宜《べんぎ》を図る。

(10) 昨年の流行が廃れる。

(11) 司会者が出演者に話題を振る。

(12) 落ち込《こ》む友人を慰める。

(13) 勝利の栄冠《えいかん》に輝く。

(14) レースの花瓶《かびん》敷《し》きを編む。

(15) 中学卒業後の進路を巡る面談。

(16) 鋭い指摘《してき》を受ける。

(17) 世間体を繕う。

(18) 目薬を一滴《いってき》垂らす。
(19) 企業《きぎょう》が急成長を遂げる。
(20) 朝日が昇る。
(21) 愚かな言動を恥《は》じる。
(22) 友人を家に招く。
(23) 世界新記録に挑む。
(24) 展覧会を催す。
(25) 伝統文化を誇る街。
(26) 川の流れが緩やかだ。
(27) 校庭に二列に並ぶ。

(28) ファンが人気スターに群がる。
(29) 早めに休むように促す。
(30) 子どもが健やかに育つ。
(31) 彼《かれ》は見る度に成長している。
(32) 無駄《むだ》な出費を抑える。
(33) 襟を正して話を聞く。
(34) 技術の発達が著しい。
(35) 着物の帯を締《し》める。
(36) 柔らかいパンを選ぶ。
(37) 新事業を企てる。

(38) 正しい結論に導く。

(39) 珍しい植物を見つける。

(40) 穏やかな気候の土地に住む。

(41) 彼女《かのじょ》は口が堅い。

(42) 部員全員で知恵《ちえ》を絞る。

(43) 先生に敬意を払う。

(44) 友人の忠告を胸に刻む。

(45) 危険を伴う手術が成功する。

(46) 川の水に足を浸す。

(47) 食べ物の好みが偏る。

(48) 神を畏れる。

(49) 朝食用の米を研ぐ。

(50) 各国の選手が技を競う。

(51) 作品に工夫を凝らす。

(52) 優勝して有終の美を飾る。

(53) ボランティア活動費を寄付で賄う。

(54) 母の笑顔《えがお》が目に浮かぶ。

(55) 審議《しんぎ》会に諮る。

(56) 印象が鮮やかに残る。

(57) 庭木に肥料を施す。

(58) 自らの半生を顧みる。

(59) 夫婦がともに手を携える。

(60) 寒さが和らぎ、梅が綻びる。

(61) 専務を次期社長に据える。

(62) 不用意な発言を慎む。

(63) 親友との会話が弾む。

(64) 滑らかな口調で話す。

(65) 心の奥底《おくそこ》に欲望が潜む。

(66) 封筒《ふうとう》の中が透けて見える。

(67) 傷口に薬を塗る。

(68) 厳かな雰囲気《ふんいき》の式典。

(69) 旅館の畳に寝転《ねころ》ぶ。

(70) 先生への報告の義務を怠る。

(71) 人事部長に彼《かれ》を推す。

(72) 庭の隅に柿《かき》の木を植える。

(73) ゲームで退屈《たいくつ》を紛らす。

(74) 部活動への参加を勧める。

(75) 半月ぶりの雨で大地が潤う。

(76) 後輩《こうはい》の不作法を諭す。

(77) 職人が、い草でござを織る。

2 熟語の読み取り

(1) 抑揚をつけて音読する。

(2) 結婚《けっこん》を披露する。

(3) 王が人心を掌握する。

(4) 曖昧な説明でごまかす。

(5) 久しぶりの休みを満喫する。

(6) プレゼントを包装する。

(7) 傾斜の緩《ゆる》やかな坂を上る。

(8) 監督《かんとく》が部員たちを鼓舞する。

(9) 余暇を利用して遠出する。

(10) 父は好奇心《こうきしん》旺盛だ。

(11) 悠久の大自然。

(12) 試合前の選手を激励する。

(13) 柔軟な態度で対応する。

(14) カタログを無料で頒布する。

(15) 海底が隆起してできた海岸。

(16) 祖母の家に頻繁に行く。

(17) 心身の均衡を保つ。

(18) 必要な資料を網羅する。

(19) 彼《かれ》は寡黙な人物だ。

⒇ 心の**琴線**に触《ふ》れる言葉。

(21) 新聞に投稿《とうこう》が**掲載**される。

(22) 見事な演奏に**陶酔**する。

(23) 飛行機に**搭乗**する。

(24) **縁側**でひなたぼっこをする。

(25) 部長は**謙虚**な人柄《ひとがら》だ。

(26) 顧客《こきゃく》の要望に**迅速**に対応する。

(27) **綿密**な計画を立てる。

(28) わらで**草履**を編む。

(29) **敏腕**な新聞記者。

(30) 前任者の方針を**踏襲**する。

(31) **珠玉**の短編を集めた単行本。

(32) 情景が**脳裏**に浮《う》かぶ。

(33) 商品をケースに**陳列**する。

(34) 地方に工場を**誘致**する。

(35) 舞台の装飾《そうしょく》に**意匠**を凝《こ》らす。

(36) **豪華**な客船で世界を旅する。

(37) 自らの責務を**遂行**する。

(38) 蒸気機関車が**汽笛**を鳴らす。

(39) 高原の**清涼**な空気を吸う。

(40) 事件の**詳細**を調べる。〔　　〕

(41) 大自然の**恩恵**にあずかる。〔　　〕

(42) 去りゆく友に**惜別**の情を抱《いだ》く。〔　　〕

(43) 恋人《こいびと》との**相性**を占《うらな》う。〔　　〕

(44) 選手を代表して**宣誓**する。〔　　〕

(45) 店内で騒《さわ》ぐと周囲の**迷惑**になる。〔　　〕

(46) 野球選手が球団と**専属**契約《けいやく》を結ぶ。〔　　〕

(47) 人生の**岐路**に立つ。〔　　〕

(48) 美しい**旋律**の楽曲を演奏する。〔　　〕

(49) 夏の庭に雑草が**繁茂**する。〔　　〕

(50) 気分は**爽快**だ。〔　　〕

(51) 見事な出来ばえに**驚嘆**する。〔　　〕

(52) 被災《ひさい》地に物資を**供給**する。〔　　〕

(53) 芸術には**普遍的**な価値がある。〔　　〕

(54) 相手の意見を**尊重**する。〔　　〕

(55) **奇妙**な体験をする。〔　　〕

(56) **太古**から変わらない大自然。〔　　〕

(57) 悲願の優勝杯《はい》を**獲得**する。〔　　〕

(58) 稲《いね》の**脱穀**をする。〔　　〕

(59) 恋《こい》と友情の間で**葛藤**する。〔　　〕

(60) 東京近郊に家を買う。

(61) 有名な画家の作品を模倣する。

(62) 山の輪郭を描《か》く。

(63) 大学の講師を委嘱する。

(64) 睡眠時間を十分に取る。

(65) 夏休みに父の田舎《いなか》に帰省する。

(66) 静寂に包まれた森を歩く。

(67) 何の脈絡もなく話し出す。

(68) 背後に人の気配を感じる。

(69) 卒業生に花束を贈呈する。

(70) 相手の気迫に圧倒《あっとう》される。

(71) 大海原にこぎ出す。

(72) 機材の故障に起因する事故。

(73) 丹念に仕上げの作業を行う。

(74) ある画家の人生の軌跡をたどる。

(75) 断然、新商品をすすめる。

(76) 勝敗の行方をじっと見守る。

(77) 凹凸のある路面でつまずく。

(78) 著作者の許諾を得る。

(79) ほっと吐息をつく。

3 一字の漢字の書き取り

(1) 強烈《きょうれつ》な印象をノコす。

(2) 初日の出をオガむ。

(3) とっぷりと日がクれる。

(4) コップのふちがカける。

(5) 五十年の歴史にマクを閉じる。

(6) アブない橋を渡《わた》らずに進行する。

(7) 祖父の知恵《ちえ》をカりる。

(8) 観光船にノる。

(9) 相手チームの迫力《はくりょく》にマける。

(10) 休みを取って英気をヤシナう。

(11) 手におえなくて、さじをナげる。

(12) ケワしい山道を歩く。

(13) 身をコにして働く。

(14) 閉め切った室内がムす。

(15) 実家の畑をタガヤす。

(16) 桜の花びらが舞《ま》いチる。

(17) 詳《くわ》しい説明をツヅける。

(18) 室内で小型犬をカう。

(19) 作物に肥料をホドコす。

(20) トラブルに**タダ**ちに対応する。

(21) 無理な要求を**コトワ**る。

(22) フロントに荷物を**アズ**ける。

(23) 互《たが》いに**ササ**え合う。

(24) 検証実験を**ココロ**みる。

(25) 前の走者との距離《きょり》を**チヂ**める。

(26) 相手との信頼《しんらい》関係を**キズ**く。

(27) 軒下《のきした》につばめが**ス**を作る。

(28) 駅前でタクシーを**ヒロ**う。

(29) 自然が**ユタ**かな土地でくらす。

(30) 文字を書き**アヤマ**る。

(31) 文化祭の劇で主役を**エン**じる。

(32) 全国各地の秘湯を**タズ**ねる。

(33) **ハリ**に糸を通す。

(34) いつでも平常心を**タモ**つ。

(35) 予想外の事態が**オ**こる。

(36) 山の**イタダキ**にたどり着く。

(37) 知人を**カイ**して知り合う。

(38) 海面が夕日に**ソ**まる。

(39) **ビョウ**単位で時間を計る。

(40) 不用意な発言で誤解を**マネ**く。〔　　〕

(41) 隣人《りんじん》の気**ヅカ**いにお礼を言う。〔　　〕

(42) 生まれ育った土地に**カエ**る。〔　　〕

(43) **ヒタイ**を集めて相談する。〔　　〕

(44) **イキオ**いよく水に飛びこむ。〔　　〕

(45) **スミ**やかに解散する。〔　　〕

(46) 母にしぐさがよく**ニ**る。〔　　〕

(47) 運動後に水分を**オギナ**う。〔　　〕

(48) その説明で十分**タ**りる。〔　　〕

(49) 鳥が**ム**れを成して飛ぶ。〔　　〕

(50) 切なる祈《いの》りが天に**トド**く。〔　　〕

(51) チームの中心となって**ハタラ**く。〔　　〕

(52) 新人に期待を**ヨ**せる。〔　　〕

(53) 目上の人を**ウヤマ**う。〔　　〕

(54) 太陽が雲間から**スガタ**を現す。〔　　〕

(55) 無駄《むだ》な手順を**ハブ**く。〔　　〕

(56) 新しい生活に**ナ**れる。〔　　〕

(57) 彼女《かのじょ》の発言が沈黙《ちんもく》を**ヤブ**る。〔　　〕

(58) 運命に身を**ユダ**ねる。〔　　〕

(59) 川の流れに**サカ**らう。〔　　〕

(60) 無礼な発言にハラを立てる。

(61) 船頭が巧《たく》みに舟《ふね》をアヤツる。

(62) オサナい頃《ころ》の思い出。

(63) コマかい点まで考える。

(64) キュウな大雨に慌《あわ》てる。

(65) チームを勝利にミチビく。

(66) 朝日が大地をテらす。

(67) イチジルしい変化が見られる。

(68) 夜空の星をナガめる。

(69) 大きく息をスう。

---

(70) 失礼な態度をアヤマる。

(71) 授業開始のチャイムがナる。

(72) 絵画の才能にトむ。

(73) りんごがエダもたわわに実る。

(74) 最後の切りフダを出す。

(75) 窮地《きゅうち》に陥《おちい》った友人に手をカす。

(76) 相手の心情をサッする。

(77) 拍手喝采《はくしゅかっさい》をアびる。

4 熟語の書き取り

(1) テントを**セツエイ**する。

(2) **ガッキ**を演奏する。

(3) 巨大《きょだい》な**メイロ**に挑戦《ちょうせん》する。

(4) 人工**エイセイ**を打ち上げる。

(5) 優れた**コウセキ**を残す。

(6) **セキニン**をもって仕事に当たる。

(7) 事故の原因を**スイソク**する。

(8) 名匠《めいしょう》の**ジュクレン**の技《わざ》。

(9) 店員が笑顔《えがお》で**セッキャク**する。

(10) 無《む》駄《だ》な**シュッピ**を抑《おさ》える。

(11) **ショクム**質問を受ける。

(12) 議論が**ハクネツ**する。

(13) 主君に**チュウセイ**を誓《ちか》う。

(14) **チイキ**のボランティア活動。

(15) 的確な**ハンダン**を下す。

(16) 違《ちが》いを**ゲンミツ**に説明する。

(17) 高い**キョウヨウ**を身につける。

(18) 二時間あれば**オウフク**できる。

(19) 身の回りを**セイケツ**に保つ。

(20) 相手の**イコウ**をくむ。　〔　　〕

(21) **キンコツ**隆々《りゅうりゅう》たる大男。　〔　　〕

(22) 食糧《しょくりょう》を**チョゾウ**する。　〔　　〕

(23) 神社**ブッカク**を巡《めぐ》る。　〔　　〕

(24) 問題の**コンカン**に迫《せま》る。　〔　　〕

(25) 試合を見て**コウフン**する。　〔　　〕

(26) 互《たが》いの**リガイ**が一致《いっち》する。　〔　　〕

(27) 朝晩の**カンダン**の差が激しい。　〔　　〕

(28) **ケンコウ**に気をつける。　〔　　〕

(29) 金の**コウミャク**を探し当てる。　〔　　〕

(30) 貨物を**ユソウ**する。　〔　　〕

(31) **キュウキュウ**病院に運ばれる。　〔　　〕

(32) 太平洋を**コウカイ**する。　〔　　〕

(33) **ジュンジョ**よく説明する。　〔　　〕

(34) 旅行の**ケイカク**を立てる。　〔　　〕

(35) **ギョコウ**に新鮮《しんせん》な魚が揚《あ》がる。　〔　　〕

(36) すばやく危険を**サッチ**する。　〔　　〕

(37) 一気に**シヤ**が開ける。　〔　　〕

(38) 友人に**フクザツ**な感情を抱《いだ》く。　〔　　〕

(39) **エイエン**の愛を誓う。　〔　　〕

(40) めきめきと**トウカク**を現す。〔　　〕

(41) 荷物を**ハイタツ**する。〔　　〕

(42) 本の**カンマツ**に作者紹介《しょうかい》がある。〔　　〕

(43) 目上の人に**ケイイ**を払《はら》う。〔　　〕

(44) 困難な現状を**ダハ**する。〔　　〕

(45) **セスジ**が凍《こお》るような事件。〔　　〕

(46) 周囲から**ヒハン**される。〔　　〕

(47) 友人を新居に**ショウタイ**する。〔　　〕

(48) **ウチュウ**飛行士を目指す。〔　　〕

(49) 日本の**ケイザイ**について調べる。〔　　〕

---

(50) デマが**カクサン**される。〔　　〕

(51) 友人の提案に**ビンジョウ**する。〔　　〕

(52) **ソウコ**に荷物を運び入れる。〔　　〕

(53) 状況《じょうきょう》は**ヨウイ**に好転しない。〔　　〕

(54) **タンジュン**な仕組みの測定機器。〔　　〕

(55) 母の**キョウリ**に帰る。〔　　〕

(56) クラスの**ケッソク**が固い。〔　　〕

(57) 先祖の**イサン**を受け継《つ》ぐ。〔　　〕

(58) 国境周辺を**ケイビ**する。〔　　〕

(59) **キチョウ**な体験をする。〔　　〕

(60) チューリップの**キュウコン**を植える。

(61) 強大な**ケンゲン**を与《あた》えられる。

(62) 友人と**ダンショウ**する。

(63) **キセツ**のうつり変わりを感じる。

(64) 就業人口の**トウケイ**を取る。

(65) 交通**キセイ**が行われる。

(66) **オオゼイ**の参加者が集まる。

(67) 新たな**セイサク**をうち立てる。

(68) **ビジ**を連ねた文章。

(69) **ツウカイ**な冒険《ぼうけん》小説を読む。

(70) 地中海**エンガン**の国。

(71) 組織の**カイカク**を行う。

(72) 飛行機を**ソウジュウ**する。

(73) 事態の**スイイ**を見守る。

(74) 国民**シュクシャ**に泊《と》まる。

(75) 町の人口の**ゾウゲン**を調査する。

(76) 世間の**フウチョウ**に従う。

(77) 船の**モケイ**を組み立てる。

(78) 飲食店が**リンジ**休業する。

(79) これまでの**ケイカ**を見て決める。

5 同音異義語の書き取り

(1) 品質を**ホショウ**する。［　　］

(2) 安全を**ホショウ**する。［　　］

(3) 損害を**ホショウ**する。［　　］

(4) 中学生**タイショウ**の本。［　　］

(5) 左右**タイショウ**の図形。［　　］

(6) 比較《ひかく》**タイショウ**する。［　　］

(7) 利益を**ツイキュウ**する。［　　］

(8) 真理を**ツイキュウ**する。［　　］

(9) 責任を**ツイキュウ**する。［　　］

(10) **イチドウ**に会する。［　　］

(11) 有志**イチドウ**からの花束。［　　］

(12) 堅実《けんじつ》さに**カンシン**する。［　　］

(13) 文学に**カンシン**を抱《いだ》く。［　　］

(14) **カンシン**に堪《た》えない事件。［　　］

(15) 直線を**ヘイコウ**に引く。［　　］

(16) 線路に**ヘイコウ**した道路。［　　］

(17) **ヘイコウ**をたもつ。［　　］

(18) 校庭を**カイホウ**する。［　　］

(19) 人質が**カイホウ**される。［　　］

6 同訓異字の書き取り

(1) 墓前に花をソナえる。
(2) 災害にソナえる。
(3) 目標の達成にツトめる。
(4) 学級委員をツトめる。
(5) 外資系企業《きぎょう》にツトめる。
(6) 王が国をオサめる。
(7) 仕事で成功をオサめる。
(8) 幅《はば》広い分野の学問をオサめる。
(9) 国に税金をオサめる。

---

(10) 集合しゃしんに笑顔《えがお》でウツる。
(11) 観光地がテレビにウツる。
(12) バスの後ろの席にウツる。
(13) 社長が責任をオう。
(14) 事件の犯人をオう。
(15) 洗濯《せんたく》物がよくカワく。
(16) 運動後にのどがカワく。
(17) 気持ちを言葉でアラワす。
(18) 人前に姿をアラワす。
(19) ミステリー小説をアラワす。

巻末資料

＊巻末資料には、P.16～19に掲載《けいさい》しきれなかった四字熟語、類義語、対義語、慣用句、ことわざ、故事成語をまとめています。

四字熟語

P.16～17で学習

	〈意味〉
暗中模索《あんちゅうもさく》	手がかりがないままに、いろいろとやってみること。
異口同音《いくどうおん》	多くの人が、口をそろえて同じことを言うこと。
以心伝心《いしんでんしん》	言葉にしなくても、相手に気持ちや考えが伝わること。
一日《いちじつ・いちにち》千秋《せんしゅう》	非常に待ち遠しいこと。
一進一退《いっしんいったい》	状態や情勢が、よくなったり悪くなったりすること。
一石二鳥《いっせきにちょう》	一つのことをして、二つの利益を得ること。
我田引水《がでんいんすい》	自分に都合のよいように、言ったり、したりすること。
疑心暗鬼《ぎしんあんき》	疑い出すと、何でもないことまで信じられなくなること。
喜怒哀楽《きどあいらく》	喜び・怒《いか》り・悲しみ・楽しみ。いろいろな感情。
空前絶後《くうぜんぜつご》	今までになく、これからもないと思われるほど、非常に珍《めずら》しいこと。
五里霧中《ごりむちゅう》	心が迷って、どうしたらよいかわからなくなること。
自画自賛《じがじさん》	自分で自分のことを褒《ほ》めること。
自問自答《じもんじとう》	自分で問いかけて、自分で答えること。
十人十色《じゅうにんといろ》	人によって考え方や好みなどがさまざまなこと。
支離滅裂《しりめつれつ》	まとまりがなくて、ばらばらである様子。
絶体絶命《ぜったいぜつめい》	追いつめられて、どうすることもできないこと。
千差万別《せんさばんべつ・まんべつ》	さまざまな種類があり、それぞれ違《ちが》っていること。
前代未聞《ぜんだいみもん》	今までに聞いたこともないような珍しいこと。
大同小異《だいどうしょうい》	少しの違いはあるが、だいたいは同じであること。
単刀直入《たんとうちょくにゅう》	前置きもなく、いきなり話の中心に入ること。
東奔西走《とうほんせいそう》	目的のために、あちこち忙《いそが》しく走り回ること。
日進月歩《にっしんげっぽ》	絶え間なく進歩すること。
半信半疑《はんしんはんぎ》	半ば信じ、半ば疑うこと。本当かどうか迷うこと。
美辞麗句《びじれいく》	美しく飾《かざ》った言葉。
優柔不断《ゆうじゅうふだん》	ぐずぐずして、物事をはっきり決められないこと。
油断大敵《ゆだんたいてき》	失敗や事故のもとになるので、油断は恐《おそ》ろしい敵であるということ。

P.18〜19で学習

類義語

	〈意味〉
永久《えいきゅう》	ある状態がいつまでも限りなく続くこと。
永遠《えいえん》	時間を超《こ》えて存在すること。例永遠の愛。
我慢《がまん》	つらいことや欲望をおさえて、こらえること。
忍耐《にんたい》	つらいことや苦しいことをじっとこらえること。
関心《かんしん》	心を引かれて、それに注意を向けること。例無関心
興味《きょうみ》	おもしろみを感じて、心が引きつけられること。
簡単《かんたん》	単純なこと。手間がかからないこと。例簡単な方法。
容易《ようい》	たやすいこと。やさしいこと。
願望《がんぼう》	そうなってほしいと願い望むこと。例変身願望
希望《きぼう》	こうなってほしいと望み願うこと。例明日への希望。
寄与《きよ》	他のものの役に立つこと。
貢献《こうけん》	物事や社会のために、力を尽《つ》くし役に立つこと。
倹約《けんやく》	無駄《むだ》を省いて費用を切りつめること。例倹約家
節約《せつやく》	無駄づかいをやめること。ひかえめに使うこと。
案外	予想や期待が外れること。
意外	予想と実際が大きく食い違《ちが》っていること。
摂取《せっしゅ》	外から取り入れて自分のものにすること。例ビタミン摂取
吸収《きゅうしゅう》	物を吸い込《こ》むこと。知識などを取り入れること。
体裁《ていさい》	外から見た感じ。世間体《せけんてい》。例体裁が悪い。
外聞《がいぶん》	世間への聞こえ。評判。例外聞を気にする。
発展《はってん》	勢いがよくなり、栄えていくこと。例町の発展。
発達《はったつ》	成長して、前より立派になること。例心身の発達。
分別	物事の善し悪しを慎重《しんちょう》に考え、判断すること。
思慮《しりょ》	物事について注意深く考えを巡《めぐ》らせること。

P.18〜19で学習

対義語

	〈意味〉
一般《いっぱん》	普通《ふつう》であること。
特殊《とくしゅ》	普通と違《ちが》って、特別であること。
偶然《ぐうぜん》	思いがけずそうなること。
必然《ひつぜん》	必ずそうなると決まっていること。
複雑	物事の事情や関係が重なって、入り組んでいること。
単純	しくみや働きが込《こ》み入っていないこと。
主観《しゅかん》	その人ひとりだけの考え方・見方。
客観《きゃっかん》	個人的な考え方に捕《と》らわれない考え方。
需要《じゅよう》	手に入れたいとする要求。
供給《きょうきゅう》	求められている物を与《あた》えること。
創造	今までにない独自のものをつくり出すこと。
模倣《もほう》	他のものをまねること。
感情《かんじょう》	刺激《しげき》を受けて起こる、さまざまな気持ち。
理性《りせい》	物事を筋道に従って判断する心の動き。
絶対《ぜったい》	比べるものや対立するものがないこと。
相対《そうたい》	他のものと関係し合って存在すること。
内容《ないよう》	物や事の中に含《ふく》まれている中身。
形式《けいしき》	物や事の形や型。
総合	ばらばらなものを、全体として一つにまとめること。
分析《ぶんせき》	物事を要素に分け、構造を明らかにすること。
理想《りそう》	考えられる中で最善の状態。
現実《げんじつ》	現に事実としてある状態。
優遇《ゆうぐう》	手厚くもてなすこと。
冷遇	冷たくあしらうこと。

慣用句

P.18〜19で学習

	〈意味〉
額《ひたい》を集《あつ》める	集まって熱心に相談する。
目《め》からうろこが落《お》ちる	わからなかったことが突然《とつぜん》わかるようになる。
鼻《はな》が高《たか》い	得意になって誇《ほこ》りに思う。
鼻《はな》であしらう	相手をばかにして、冷たく扱《あつか》う。
舌《した》を巻《ま》く	驚《おどろ》き、感心する。
耳《みみ》が痛《いた》い	弱点を言われて、聞くのがつらい。
耳《みみ》を疑《うたが》う	聞いたことが信じられない。
首《くび》を長《なが》くする	今か今かと待ち望む。
手《て》を焼《や》く	もて余す。
肩《かた》を並《なら》べる	対等な位置や立場に立つ。
胸《むね》が騒《さわ》ぐ	不安で心が落ち着かない。
腰《こし》が低《ひく》い	いばらないで、へりくだる。
足《あし》が棒《ぼう》になる	疲《つか》れて足がこわばる。
足《あし》もとを見《み》る	弱点を見透《みす》かして、弱みにつけこむ。
襟《えり》を正《ただ》す	姿勢を正して、気を引きしめる。
尾《お》ひれをつける	いろいろと付け加えて、話を大げさにする。
重荷《おもに》を下《お》ろす	責任を果たし終えて、ほっとする。
かぶとを脱《ぬ》ぐ	降参する。負ける。
釘《くぎ》を刺《さ》す	あとで問題にならないように、前もって念をおす。
さじを投《な》げる	見込《みこ》みがないと諦《あきら》める。
しびれを切《き》らす	待ちくたびれて、我慢《がまん》できなくなる。
隅《すみ》に置《お》けない	思っていたよりも優《すぐ》れていて、軽視できない。
白紙《はくし》に戻《もど》す	もとの何もなかった状態に戻す。
火《ひ》に油《あぶら》をそそぐ	物事の勢いをいちだんと激しくさせる。

ことわざ

P.18〜19で学習

	〈意味〉
青菜《あおな》に塩《しお》	急に元気なくしおれる様子。
案ずるより産むが易《やす》し	物事は実際にやってみると、始める前に心配したほどのことは無く、たやすいものだ。
魚心《うおごころ》あれば水心《みずごころ》	相手が好意をもてば、こちらも好意をもつようになる。
果報《かほう》は寝《ね》て待《ま》て	幸運はあせらずに、運が向くのを待つのがよい。
けがの功名《こうみょう》	何気なくやったことや過失と思われたことが、予想もしないよい結果になること。
捨《す》てる神《かみ》あれば拾《ひろ》う神《かみ》あり	世間はいろいろなので、見捨てる人もあれば、助けてくれる人もある。くよくよする必要はない。
背《せ》に腹《はら》はかえられぬ	差《さ》し迫《せま》った危機を切りぬけるためには、少々の犠《ぎ》牲《せい》はしかたがない。
月《つき》とすっぽん	比べものにならないほど違《ちが》うこと。**類** ちょうちんに釣鐘《つりがね》
灯台《とうだい》もと暗《くら》し	身近なことはかえってわかりにくい。
どんぐりの背比《せいくら》べ	似たり寄ったりで平凡《へいぼん》なものばかりであること。
泣《な》き面《つら》に蜂《はち》	不幸・不運の上に、さらによくないことが重なること。**類** 弱り目にたたり目
情《なさ》けは人《ひと》のためならず	人にかけた情けはいつか自分に返ってくる。
二兎《にと》を追《お》う者《もの》は一兎《いっと》をも得《え》ず	同時に二つのことを得ようとすると、一つも得ることができない。

- **ぬかに釘《くぎ》** 何の手ごたえもなく、効き目がないこと。類のれんに腕押《うでお》し・とうふにかすがい〈かすがい＝二つのものをつなぐ金具。〉
- **ぬれ手《て》で粟《あわ》（ぬれ手《て》に粟《あわ》）** 苦労しないで利益を得ること。
- **猫《ねこ》に小判《こばん》** 価値のあるものでも、もつ人によっては何の役にも立たない。類豚《ぶた》に真珠《しんじゅ》・馬の耳に念仏
- **待《ま》てば海路《かいろ》の日和《ひより》あり** あせらないで気長に待っていれば、必ずよいことがある。
- **焼《や》け石《いし》に水《みず》** 努力や援助《えんじょ》がわずかで、効き目がないこと。
- **柳《やなぎ》の下《した》にどじょうはいつもいない** 一度うまく行ったからといって、いつもうまく行くとは限らない。
- **渡《わた》りに船《ふね》** 何かするときに、都合のよい条件が整うこと。

故事成語

P.18〜19で学習

〈意味〉

- **一挙両得《いっきょりょうとく》** 一つのことをして、同時に二つの利益があること。類一石二鳥
- **烏合《うごう》の衆《しゅう》** 規律もまとまりもない人々の集まり。
- **臥薪嘗胆《がしんしょうたん》** ある目的を達成するために、大変な苦心や苦労をすること。
- **画竜点睛《がりょうてんせい》（を欠《か》く）** 物事を完成させるために最後に加える大切な仕上げ（が足りない）。
- **間髪《かんはつ》を入《い》れず** 間をおかずに。すぐに。
- **杞憂《きゆう》** 余計な心配をすること。取りこし苦労。
- **玉石混交《ぎょくせきこんこう》** 優《すぐ》れたものとつまらないものとが入り混じっていること。
- **蛍雪《けいせつ》の功《こう》** 苦労して学問に励《はげ》み、成功すること。
- **呉越同舟《ごえつどうしゅう》** 仲の悪い者どうしが同席すること。また、共通の目的で協力すること。
- **塞翁《さいおう》が馬《うま》** 人間の幸・不幸は予測できないものだということ。
- **杜撰《ずさん》** いいかげんで、手ぬかりが多いこと。
- **青天《せいてん》の霹靂《へきれき》** 突然起こる、思いがけない出来事や大事件。
- **他山《たざん》の石《いし》** 自分より劣《おと》ったものや無関係なものでも、自分の向上のために役立つこと。
- **蛇足《だそく》** あとから付け加えられた、よけいなもの。
- **断腸《だんちょう》の思《おも》い** はらわたがちぎれるほどの痛切な思い。深い悲しみ。
- **朝三暮四《ちょうさんぼし》** うまい言葉で人をだますこと。目先の違《ちが》いに気をとられ、結果が同じになることに気がつかないこと。
- **登竜門《とうりゅうもん》** そこを通れば出世できるといわれる関門。
- **虎《とら》の威《い》を借《か》る狐《きつね》** 強い者の力や勢いを頼《たよ》っていばることや、いばる人のこと。
- **背水《はいすい》の陣《じん》** あとに引けないようにして、全力を尽《つ》くすこと。
- **覆水盆《ふくすいぼん》に返《かえ》らず** 一度してしまったことは取り返しがつかないこと。
- **傍若無人《ぼうじゃくぶじん》** 周囲の人にかまわず、勝手気ままに振《ふ》る舞《ま》うこと。
- **矛盾《むじゅん》** 二つの事柄《ことがら》のつじつまが合わないこと。

高校入試 国語をひとつひとつわかりやすく。

編集協力
㈱エイティエイト・㈱奎文館・鈴木瑞穂

カバーイラスト
坂木浩子

本文イラスト
たむらかずみ

ブックデザイン
山口秀昭（Studio Flavor）

DTP
㈱四国写研
ミニブック：㈱明昌堂

© Gakken

※本書の無断転載，複製，複写（コピー），翻訳を禁じます。
本書を代行業者等の第三者に依頼してスキャンやデジタル化することは，
たとえ個人や家庭内の利用であっても，著作権法上，認められておりません。

高校入試

国語を
ひとつひとつわかりやすく。

解答と解説

スマホでも解答・解説が見られる！

URL
https://gbc-library.gakken.jp/

書籍識別ID
5bys7

ダウンロード用パスワード
ds348cge

「コンテンツ追加」から「書籍識別ID」と「ダウンロード用パスワード」をご入力ください。

※コンテンツの閲覧にはGakken IDへの登録が必要です。書籍識別IDとダウンロード用パスワードの無断転載・複製を禁じます。サイトアクセス・ダウンロード時の通信料はお客様のご負担になります。サービスは予告なく終了する場合があります。

軽くのりづけされているので、外して使いましょう。

Gakken

01 漢字の出題のポイントは？ ①

本文11ページ

1 (1)イ (2)イ (3)ア (4)イ (5)ア (6)イ

2 (1)誤る (2)危ない (3)従う

3 (1)包装 (2)創刊 (3)簡潔 (4)航海

4 (1)養蚕 (2)宿舎 (3)逆らう (4)勇ましい

解説 **2** (1)「誤まる」、(2)「危い」、(3)「従がう」、**4** (3)「逆う」、(4)「勇しい」などとする間違《まちが》いに注意。

02 漢字の出題のポイントは？ ②

本文13ページ

1 (1)たいりょう (2)じゅんしゅ (3)りゅうい (4)おさ (5)さいわ (6)さ

2 (1)はとば (2)しにせ (3)ゆくえ

3 (1)ひろう (2)ほうそう (3)にゅうわ (4)もうら (5)すみ (6)し (7)はず (8)かたず

解説 **1** (2)「遵守《じゅんしゅ》」は同じ部分をもつ「尊」と間《ま》違《ちが》えて「そんしゅ」、**3** (4)「網羅《もうら》」は同じ「へん」をもつ「綱」と間違えて「こうら」と読まないように注意。

03 部首・画数・筆順のポイントは？

本文15ページ

1 (1)忄・りっしんべん (2)癶・はつがしら (3)隹・ふるとり (4)疒・やまいだれ (5)走・そうにょう（はしる）

2 (1)ア (2)イ (3)イ

3 (1)イ (2)ごんべん (3)エ (4)きへん・十五（15）

解説 **3** (1)「統」とイ「喪」は十二画、ア「傑」は十三画、ウ「粛」は十一画、エ「塾」は十四画です。(3)「社」とエ「祥」は「しめすへん」、ア「株」は「きへん」、イ「補」は「ころもへん」、ウ「稼」は「のぎへん」、オ「粗」は「こめへん」です。

04 熟語の構成の種類

本文17ページ

1 (1)減点 (2)貧富 (3)国営 (4)両親

2 (1)イ (2)ア (3)ウ

3 (1)ウ (2)オ (3)イ (4)①イ ②エ

解説 **3** (1)「乗車」とウ「作文」は、上が動作で下が目的・対象になる構成、(2)「柔軟」とオ「競争」は似た意味の漢字を組み合わせた構成です。

05 慣用的な表現・言葉の使い分け

本文19ページ

1 (1)目 (2)足 (3)腰

2 (1)ア (2)ウ (3)イ

3 (1)エ (2)ア・エ・オ（順不同）

4 ア

解説 **3** (1)エ「棚《たな》に上げる」は「自分の不都合なことは問題にしない」という意味です。

06 敬語の正しい使い方

本文21ページ

1 (1)ご覧になった (2)差しあげる (3)申して（申しあげて） (4)くださった

2 ウ

3 (1)例おっしゃいました（言われました） (2)イ (3)エ

解説 **2** ウは生徒たちの動作に「お聞きになる」という尊敬語を使っているので誤りです。**3** (3)「来る」の尊敬語を選びます。

実戦テスト 1 （本文22～23ページ）

1 (1)えいよ (2)かきょう (3)つの (4)たずさ (5)保 (6)支 (7)救急 (8)領域

2 エ

3 イ

4 エ

5 (1)イ (2)ウ

6 エ

7 (1)エ (2)エ

8 (1)エ (2)お聞きした（伺った）

解説 **4** 「閉」の「もんがまえ」は行書《ぎょうしょ》で書くと形が変化することに注意。

3 イ「絹」の「いとへん」の形に注目。

7 対話の内容から意味を考えましょう。

07 文節・文の成分とは?

本文27ページ

1 イ
2 エ
3 (1)エ　(2)機会も

解説 1 「輝《かがや》いて／いる」は補助の関係になっていて、二文節に分かれることに注意しましょう。
2 「画用紙に」は、「描《か》く」に係り、何に描くのかを詳《くわ》しく説明しています。アは「主・述の関係」、イは「並立《へいりつ》の関係」、ウは「補助の関係」です。オは、「はい」が独立語で、他の文節と直接関わりがない「独立の関係」です。
3 (1)「身近で」と「なじみ深い」は、どちらも『博物館』です」に係る文節として対等の資格で並んでいます。
(2)「電車に乗る機会も」が主部ですが、「電車に／乗る」全体で「機会も」を修飾《しゅうしょく》しているので、主語は「機会も」です。

08 品詞にはどんな種類がある?

本文29ページ

1 (1)動詞　(2)名詞
(3)感動詞　(4)助動詞
2 ウ
3 (1)助動詞　(2)ウ

解説 2 ウは形容動詞「きれいだ」の連体形です。ア・イ・エはどれも連体詞で、活用しません。
3 (1)単語に分けると、「あきらめ／ず／に／練習／を／続け／よう／と／思い／まし／た」となります。名詞は一つ（練習）、動詞は三つ（あきらめ・続け・思い）、助詞は三つ（に・を・と）、助動詞は四つ（ず・よう・まし・た）あります。
(2)「すぐ」は「起きたのに」を、ウ「そっと」は「出る」を修飾《しゅうしょく》している副詞です。ア「静かな」は形容動詞、イ「まで」は助詞、エ「早い」は形容詞です。

09 動詞の活用

本文31ページ

1 (1)蛇口《じゃぐち》から勢いよく水が流れる。
(2)姫路《ひめじ》城がある都道府県は、兵庫《ひょうご》県です。
(3)しっぽを振《ふ》る小さな犬がかわいらしい。
2 (1)五段　(2)下一段　(3)上一段
3 (1)イ
(2)（活用の種類）下一段活用
（活用形）終止形

解説 3 (1)「はずす（外す）」は五段活用の動詞で、「はずし」はあとに「―マス・―タ・―テ」などの言葉を続けることができるので、連用形です。
(2)「続ける」は、あとに「ナイ」を付けると「続けナイ」となるので、下一段活用です。「続ける」と活用するのは終止形と連体形ですが、あとに接続しているのが体言ではなく助詞「と」なので、終止形とわかります。

10 形容詞・形容動詞の活用

本文33ページ

1 (1)部屋が暗ければ電気をつけてね。
仮定形
(2)細かい部分は省いて概要《がいよう》を伝える。
連体形
(3)あの出来事は話せば長くなる。
連用形
(4)転んですりむいた膝《ひざ》が痛い。
終止形
2 エ　（活用形）連体形
3 (1)連体形　(2)a ウ　b エ

解説 1 (1)「暗い」が「～けれ」と活用しているので仮定形、(2)あとに体言（名詞）の「部分」が続いているので連体形、(3)「長い」が「～く」と活用しているので連用形、(4)言い切りの形「い」で文が終わっているので終止形です。
2 エ「身近な」は、言い切りの形（終止形）が「身近だ」となるので形容動詞、あとに体言（名詞）の「話題」が続いているので、連体形です。
3 (1)あとに体言（名詞）の「認識」が続いているので、連体形です。
(2)a「弱い」は、終止形が「い」で終わるので形容詞です。b「ひ弱な」の終止形は「ひ弱だ」となり、「だ」で終わるので形容動詞です。活用形は、a・bともに連体形です。

11 付属語――助詞の識別①

本文35ページ

1 (1)ウ　(2)接続助詞

2 ア

3 (1)は・まで・から（順不同）　(2)C

解説 **1** **ア・イ・エ**はいずれも名詞（体言）に付いているので格助詞。**ウ**は、「悪い」という用言（形容詞）のあとに付いて、前後の文をつないでいることに着目すると、接続助詞だとわかります。

2 **イ**は形容動詞「静かだ」の連用形「静かに」の一部、**ウ**は接続助詞「のに」の一部です。

3 (1)助詞は活用しない付属語です。「られ」「ない」はどちらも助動詞であることに注意しましょう。

(2)**C**は「が」と言い換《か》えられるので部分の主語、**A**と**B**は連体修飾《しゅうしょく》語を作る働きをします。

12 付属語――助詞の識別②

本文37ページ

1 エ

2 (1)ウ　(2)イ　(3)エ　(4)ア

3 (1)ウ・オ（順不同）　(2)ア

解説 **1** **エ**は「デパート」という体言（名詞）に付いているので、格助詞です。**ア**は接続助詞「て」が濁音《だくおん》化したもの、**イ**は形容動詞「なめらかだ」の活用語尾《ごび》、**ウ**は「パイロットだ」と言い換《か》えられるので断定の助動詞です。

2 (1)「今にも風船がはちきれそう」と言い換えられるので状態を表します。

(2)「だけ」に言い換えられるので限定を表します。

(3)「終えて間もない」と言い換えられるので動作の完了《かんりょう》を表します。

(4)は「十人ほど」「十人くらい」に言い換えられるので程度を表します。

3 (1)――線部「も」は助詞です。これと同じ品詞は**ウ**と**オ**です。**ア**は名詞、**イ**は動詞、**エ**は形容詞、**カ**は助動詞です。

(2)副助詞「さえ」には限定・類推・添加《てんか》の意味・用法があります。――線部と**ア**は、どちらも「AすらAなのだから、ましてBであればなおさら…」というニュアンスをもつ類推に当たります。**イ・エ**は「までも」と言い換えられるので添加、**ウ**は「だけ」と言い換えられるので限定を表します。

13 付属語――助動詞の識別①

本文39ページ

1 (1)エ　(2)ア　(3)イ　(4)ウ

2 エ

3 (1)イ　(2)ア

解説 **1** (4)使役《しえき》の助動詞「せる」は、人に何かをさせることを表します。

2 **エ**は、推量の助動詞「う」です。「たぶん」を前に補って「(雨は）たぶんやむだろう」となることを確認しましょう。**ア**は形容詞「強い」の連用形、**イ**「いる」は動詞（補助動詞）、**ウ**「まで」は助詞（副助詞）です。

3 (1)「聞こえない」の「ない」と**イ**は、否定の助動詞「ない」です。**ア**は「は」を補って「遠くはない」とすることができるので補助形容詞、**ウ**は形容詞の一部、**エ**は形容詞です。

(2)――線部「よう」は、「大切にするつもりだ」と言い換《か》えられるので、意志の助動詞です。同じ意味・用法のものは、「着るつもりだ」と言い換えられる**ア**です。**イ・ウ・エ**は推定・例示・比喩《ひゆ》の助動詞「ようだ」の一部です。

14 付属語――助動詞の識別②

本文41ページ

1 (1)ウ　(2)イ　(3)ア

2 ウ

3 (1)イ　(2)ア

解説 **1** (1)「まるで」を補って「まるでおはじきを～」とすることができるので、比喩《ひゆ》（たとえ）を表します。

(2)「どうやら到着《とうちゃく》したらしい」と言い換《か》えられるので、推定を表します。

(3)「例えば」を「あの有名な冒険《ぼうけん》家のように」の前に補えるので、例示を表します。

2 **ア**は接尾《せつび》語の「らしい」、**イ**は形容詞「かわいらしい」の一部、**ウ**は「どうやら四歳《さい》になるようだ」と言い換えられるので推定の助動詞です。

3 (1)――線部とイは受け身の意味です。アは「自然に」を補えるので自発、ウは尊敬、エは「食べることができる」と言い換えられるので可能を表します。

(2)――線部とアは、動詞の連用形に付いているので推定、イ・ウ・エは活用語の終止形に付いているので伝聞を表します。

実戦テスト2（本文42〜43ページ）

1 イ　**2** ウ　**3** ア　**4** エ　**5** ア
6 エ　**7** イ　**8** ウ　**9** イ　**10** ウ

解説 **1**「細密に」は「描《えが》かれた」を詳《くわ》しく説明しています。

2「午後は」は、「読んだ」に係り、いつ「読んだ」かを詳しく説明しています。

3「全く」は打ち消しの語と呼応する副詞です。

4――線部「話し」は五段活用の連用形です。同じ活用形は、下一段活用の「開ける」の連用形であるエです。アは仮定形、イは終止形、ウは未然形です。

5――線部「きれいに」の終止形は「きれいだ」です。「だ」で終わる自立語なので、形容動詞です。同じものは、終止形が「穏《おだ》やかだ」の形容動詞の連体形「穏やかな」を含《ふく》むアです。

6「なけれ」は動詞「いく」の未然形に付いているので、助動詞です。「ない」は動詞「なる」の未然形に付いているので、こちらも助動詞です。

7「ますます増えています。」を単語に分けると、「ますます／増え／て／い／ます。」となります。「ますます」は、直後の動詞「増え」に係る副詞です。「て」は助詞、「い」は動詞「いる」の連用形、「ます」は助動詞です。

8――線部「の」とウは、体言と体言に挟《はさ》まれているので連体修飾語《しゅうしょくご》の働きをする格助詞です。アは「が」と言い換《か》えられるので部分の主語を作る格助詞、イは終助詞。エは「こと」と言い換えられるので体言の代用の働きをする格助詞です。

9――線部とイの「よう」は、「変えるつもりだ」「起きるつもりだ」と言い換えられるので、意志の助動詞です。アは「たぶん」を前に補えるので推量の助動詞、ウは勧誘《かんゆう》の助動詞です。エは比喩《ひゆ》（たとえ）の助動詞「ようだ」の連用形「ように」です。

10――線部「いられる」とウ「覚えられる」は、「いることができる」「覚えることができる」と言い換えられるので可能の意味です。アは受け身、イは自発、エは尊敬を表します。

15 場面や情景を読み取るには？ 本文47ページ

(1) 例朝、雪乃が、起こしてもらえずにシゲ爺に置いていかれた場面。

(2) イ

解説 (1)冒頭《ぼうとう》のやり取りのあとの「ほんのちょっと声をかけてくれたらすぐ起きたのに、どうして置いていくのか」という部分、ヨシ江《え》の言葉の中の「雪乃《ゆきの》が自分で、まっと早起きして手伝うから連れてけって言っただわ。こっちが起こしてやる必要はねえ」というシゲ爺《じい》（茂三《しげぞう》）の言葉の引用などを踏《ふ》まえてまとめます。

(2)雪乃が「茂三の言うとおりだ。」と思っていることに着目します。自分の甘《あま》さに気づいた雪乃が急いで身支度《みじたく》をする様子を、「超《ちょう》特急で顔を洗い、歯を磨《みが》き、……」のように短く語句を区切りながら展開することで、印象的に表現しています。

16 人物の心情を読み取るには？ 本文49ページ

(1) 例「ぼく」が普通であることに悩む理由に対して、納得できない気持ち。

(2) A 例完全に正しくわかること
B 例考えや気持ちに気づくこと

解説 (1)「腑《ふ》に落ちない」とは、納得がいかないという意味を表します。香山《かやま》は「それってそんなに悩《なや》まないといけないことか？」と腑に落ちない顔をしているので、「それ」が指す内容をたどります。直前の「長所もないんだよ。……とにかく普通《ふつう》でさ。特徴《とくちょう》ゼロ。そんな自分をずっとどうにかしたかったんだ」という言葉に着目してまとめましょう。
(2) Aは、空欄《くうらん》の前後が「他人のことを」「はできない」となっていることを手がかりに、——線部②の直後の「完全に正しく他人をわかることは不可能だ。」という一文に着目します。Bも同様に空欄の前後を手がかりにして、「一緒《いっしょ》にいれば相手が何を考えているのか、どんな気持ちでいるのか、気づけることだってある」という部分をまとめましょう。

17 筆者の思いを読み取るには？

本文51ページ

● a 例 はさみ込まれていた葉は、紙魚を防ぐためのものだった（25字）
b 何かいとわしいもの　c かすかな痕跡

解説 a「枯葉《かれは》の記」の一節からわかったことは、——線部を含《ふく》む段落の一文目に、「あれは紙魚《しみ》を防ぐためのものだったのか」と示されています。「あれ」が『童子問《どうじもん》』のあいだにはさみ込まれた多くの葉を指していることを補ってまとめます。
b 風に飛ばしてしまった木の葉に対する、筆者の思いを捉《とら》えます。はじめは「さして気にはならなかった」木の葉でしたが、しばらくするうちに「尋常《じんじょう》ではないような気」がするようになり、次々と見つかる葉が「何かいとわしい（＝嫌《いや》である。不愉快《ふゆかい》である）もの」に思えてきて、窓から投げ棄《す》てていった、という流れを読み取り、適切な言葉を抜《ぬ》き出します。
c 木の葉の意味を知った筆者の気持ちが述べられている部分に着目します。すると、最終段落に「あの枯葉は、……心遣《こころづか》いの、かすかな痕跡《こんせき》であったのだ。」と思い至ったことが書かれています。

18 文章の主題を読み取るには？

本文53ページ

(1) 例 書店に行き、時間があると文庫本を開き、友人と読んだ本の話をするようになった。
(2) 例 自分がまったく知らなかった世界を知りたい（20字）

解説 (1)——線部①の前には、それまでの「僕《ぼく》（筆者）」の生活、あとにはその日を境にして変わった「僕」の生活が書かれています。「書店に行くようになったし、いつでも文庫本をカバンの中に入れ、少しでも時間があると開くようになった。……友人と読んだ本の話など当たり前のようにするようになった。」という部分をまとめましょう。
(2) 筆者は中学三年生のとき、「読書家の友人の影響《えいきょう》」で、「いままで自分がまったく知らなかった世界」を知りました。そして、「自分もできることならそれらを知りたかった」と強く思うようになりました。この部分を手がかりに、字数制限に注意しながらまとめましょう。

19 文章の流れをつかむには？ ——指示語

本文55ページ

(1) ア　(2) 例 原始人が捨てたごみ。

解説 (1)——線部①の前の部分に着目して、書かれていることを捉《とら》えます。「人口密度が極端《きょくたん》に低い時代の彼《かれ》らにとって、地球のサイズは無限」や、「地球の資源を使いつくすことはできなかった」、「ひたすらできる限りの資源の収奪《しゅうだつ》を行う」という内容に合うのは、アです。
(2) 前の部分に注目して、「広大な土地や水や大気ですぐに薄《うす》められてしまう」ことが成り立つものは何かと考えると、「ごみ」であると判断できます。文脈に沿って、どんな「ごみ」かを補いながら答えをまとめましょう。

20 文章の流れをつかむには？ ——接続語

本文57ページ

(1) ア　(2) ウ　(3) 例 けれども

解説 (1) Ⅰは直後に「安心」を得ることについての具体的な例が挙げられているので、説明・補足の働きをもつ「たとえば」が入ります。Ⅱは前に「不安が大きい社会では、つい確実なものを求めがちになります。」とあり、あとに「……確実と思っていたものが、あっという間に役に立たなくなったりします」と、前の内容とは反することが書かれているので、逆接の働きをもつ「しかし」が入ります。

(2)――線部①の前後の内容を見ると、あとの部分は前の内容を発展させて、「どうすれば安心は得られるのでしょうか」という新しい話題を提示しています。したがって、ウが当てはまります。

(3)「しかし」は逆接なので、同様の働きをもつ言葉を考えます。「ところが」「けれど」なども当てはまります。

21 段落の構成・筆者の主張の読み取り

本文59ページ

(1)ウ　(2)例そう簡単なことではない。

解説　(1)――線部と同じ段落に、「その場合に私たちが変えるのは自分自身への認識ではなく、表面的な物事の解釈《かいしゃく》であることが多い」とあります。アは「都合よく物事を捉《とら》えるのではなく」が不適。また、「世間において……従おうとする」という内容も、本文中には述べられていません。イは筆者の考えとは正反対の考えが述べられているので不適、エは「問題を生じさせている相手に意見を変えるよう求めることが多い」が不適です。

(2)最終段落の冒頭《ぼうとう》に「そもそも、見方を変えるのはそう簡単なことではない。」とあります。そのあとの部分で、私たちが見方を変えることの難しさが、「社会に大きな変化が訪れるときや、答えのない深刻な問いが自分に突《つ》きつけられ」たときを例に説明されています。

22 文章の要旨を捉えるには?

本文61ページ

(1)例幸せになろうと思っても、不本意な出来事は必ず起こるが、そのときにあきらめてしまうかどうかが問題である。

(2)Aエネルギーが分散
Bあきらめる勇気

解説　(1)第一段落の前半は、後半の「必ず不本意な出来事は起こる」ということの前提になっています。よって、この段落の中心文は「必ず不本意な出来事は起こるのです。そういうときに、あきらめてしまうかどうかです。」の二文であり、これに前提の内容を加えて一文にまとめます。

(2)A空欄《くうらん》を含《ふく》む文の「あれもこれも」に着目すると、――線部を含む段落で、「あれもこれもと考えていたら、エネルギーが分散してしまいます」とあります。B――線部を含む文の「自分のことをよくわからないひとは、あきらめる勇気がないために、……けっきょく大切なものを手に入れられない」という内容を押《お》さえます。これらをもとに、適切な言葉を抜《ぬ》き出します。

23 表や資料を用いた問題

本文63ページ

●a利他的行為
b冷静に対処する
cより適切な方向へ導く力

解説　表の中のaの直前に「つまり」とあるので、「相手のための行動」に当たる言葉が入ると見当をつけることができます。そして、②段落の最後の文である「認知的共感ではなく、感情が同期するだけの情動的共感であっても、……利他的行為《こうい》は惹《ひ》き起こされる」に着目して、「利他的行為」が「情動的共感」と「認知的共感」の共通点として挙げられていることを読み取ります。さらに④段落にも、「共感は……、利他的行為、道徳性の動機となる」とまとめられています。bは、③段落に「ただし」とあることから、認知的共感と情動的共感との相違《そうい》点を捉《とら》えます。表の中の「……ことが可能である」が、本文の「……こともできる」と対応していることに着目して、「冷静に対処する」を抜《ぬ》き出します。cは、aに「利他的行為」が入ることから、③段落の「認知的共感は利他的行為をより適切な方向へ導く力を持っている」に着目し、指定字数に合わせて抜き出します。

24 詩・短歌・俳句のポイントは?

本文65ページ

1 ●エ

2 (1)イ　(2)ウ

解説　1第三連の「わがこころなきためいきの/その髪《かみ》の毛にかかるとき」は、「私の分別のないためいき(=恋《こい》に悩《なや》んだため息)が、あなたの髪の毛にかかるとき」と解釈《かいしゃく》することができます。

また、「たのしき恋の盃《さかづき》を／君が情《なさけ》に酌《く》みしかな」は、「たのしい恋の盃を、あなたが情けをかけて酌んでくれた（＝私のたのしい恋の盃に、あなたは情を注いでくれた）」と解釈することができます。つまり、私の恋心を少女が受け入れたということです。

2 (2)Aの季語は「秋たつ（立つ）」、Bの季語は「冬支度《ふゆじたく》」で、どちらも季節は秋になります。「冬」の「支度」なので、秋の終わりを表す季語です。選択肢《せんたくし》の句の季語と季節は、**ア**が「枯山《かれやま》」で冬、**イ**が「花火」で夏、**ウ**が「月」で秋、**エ**が「八重桜」で春です。

実戦テスト 3 （本文66～69ページ）

1 (1)エ　(2)イ　(3)ア　(4)ウ

2 (1)Ⅰ日常に目に　Ⅱ模型やCG

(2)ウ

3 イ

解説 **1** (1)空欄《くうらん》の直前の「間違《まちが》えたのを謝るのは変じゃないんだけど、先生が謝るのは何か……」という言葉から、おてるがとまどっていることを捉《とら》えます。**エ**「首をかしげ（る）」は、このように不思議に思ったり疑問に思ったりするときの動作を表します。**ア**「腰《こし》を抜《ぬ》かし」は、驚《おどろ》きや恐《おそ》れを感じて立ち上がれなくなること、**イ**「腹をかかえ」は、おかしさに耐《た》えきれずに大笑いすること、**ウ**「腕《うで》を鳴らし」は、自分の技能が発揮できる機会を今か今かと待ったり、技能が人々に認められることで名声を広めたりすることを表します。

(2)――線部①の直前のおてるの変化に着目します。おてるは「……そう言いそうな気はするんだけど……」と言ってしばらく考え込《こ》んだ後に、妙《みょう》春先生に対する自分の思いを口にすることができたことで、「すっきりした表情」になったのです。

(3)――線部②の前後の妙春先生の言葉に着目します。妙春先生は、自分も間違えることがあり、間違えたら謝るという考え方の土台として、自分の故郷での学び舎《や》の在り方について話します。それは、「考えを深めていき、仲間と一緒《いっしょ》に成長していく」という学びです。このとき、妙春先生は学びについての考えを、二人に改めて話そうと思ったのです。**イ**は「謝ることの大切さ」、**ウ**は「二人へのいらだち」、**エ**は「取り繕《つくろ》おう」という部分が、それぞれ誤りです。

(4)――線部③「そういうこと」とは、妙春先生の学びの体験である「教えられたことを使って自分の考えを述べ、それに対して相手の考えを聞き、また自分の考えを述べる。そうやって考えを深めていき、仲間と一緒に成長していく」ことを指しています。この内容には、**ウ**が当てはまります。

2 (1)設問の指示に従って、②段落に着目します。**Ⅰ**は、②段落をたどっていくと、「そして大事なことは、……」で始まる文に「そこに共通している疑問は」とあり、高校と中学校に共通していることを述べた文であることがわかります。それを手がかりに、中学校で学ぶ対象を「日常に目にする物質や現象」と捉《とら》えます。**Ⅱ**は、「学ぶ方法」と類義で使っている「作業」という言葉から、その直前にある「模型やCGの助けを借りて、想像と実際の知識を比較《ひかく》する」の部分を捉えます。

(2)③段落の二文目に「『科学』はそれだけに留《とど》まることがなく」とあり、科学の性質を掘《ほ》り下げて説明していることから、**ウ**が適切です。

3 初句「ものの芽の」の末尾《まつび》の「の」は主語を示す格助詞であることから、芽がほぐれて「盛んに活動する植物」（＝動）と、「眠《ねむ》りの心地《ここち》よさを味わっている」（＝静）が対照的に描《えが》かれている情景を詠《よ》んだ句であることを読み取ります。**ア**は「外へ出た自身の様子」「昼間に活動を始めた」という部分が、結句の「朝寝《あさね》かな」だけでは読み取れず、不適です。**ウ**は「土の中で発芽に向けて準備を進める」が、土の中では芽がほころぶ様子が見えないことから不適です。**エ**は、「……様子を『朝寝』にたとえ」という部分が、句では比喩《ひゆ》ではなく、作者が本当に朝寝をしているさまを描いていることから不適です。

25 歴史的仮名《かな》遣《づか》い・係り結び

本文73ページ

1 (1)おとこ　(2)めずらし　(3)あわれ　(4)かじ　(5)きょう

2 (1)なむ　(2)か　(3)こそ

3 (1)なお　(2)いて　(3)いうよう　(4)おしえて

4 イ

解説 **1** (1)「を」は「お」と読みます。

(2)「づ」は「ず」と読みます。

(3)語の初め以外の「は」は「わ」と読みます。

(4)「くわ」は「か」と読みます。

(5)「けふ」→「けう（keu）」→「きょう（kyô）」と二段階で考えます。

2 係りの助詞は、代表的な「ぞ・なむ・や・か・こそ」をまとめて覚えておきましょう。

3 多くの古文の入試問題では、現代仮名《かな》遣《づか》いを問う問題が出題されるので、しっかり練習しておきましょう。

(1)語の初め以外の「ほ」は「お」と読みます。

(2)「ゐ」は「い」と読みます。

(3)語の初め以外の「ふ」は「う」と読みます。「やう（yau）」と母音が連続する場合は「よう（yô）」と読みます。

(4)「を」は「お」、語の初め以外の「へ」は「え」と読みます。

4 「ぞ」という係りの助詞があることに注目。

26 古語の意味

本文75ページ

1 (1)イ　(2)ア　(3)イ

2 (1)ア　(2)エ

〔現代語訳〕**2** 世間の人を見ると、果報もよく、一族を繁栄《はんえい》させる人は、皆《みな》、正直であり、他人に対しても立派である。したがって、一族を維持《いじ》し、子孫が絶えることがないのである。心が素直でなく、他人に対して悪いことをする人は、たとえ、一時は、果報もよく、家を維持できるように見えるが、結局は悪くなるのである。たとえ、また（その人の）生涯《しょうがい》は幸せに過ごせても、子孫は必ずしも幸せになるとは限らない。

解説 **1** (1)～(3)どれも古文にしかない言葉なので、例文とともに覚えておきましょう。

2 (1)前後の文脈をよく読んで判断しましょう。

(2)まず、「心に曲節あり、人のために悪《あ》しき人」について述べている箇所《かしょ》の二つ目であることを押《お》さえましょう。そして、——線部に続く部分で、「子孫未だ必ずしも吉ならざるなり」と述べていることから、心が素直でなく、他人に対して悪いことをする人の「生涯」であると判断できます。古語の意味そのものがわからなくても、文脈を捉《とら》えることで判断できることが多いので、注釈《ちゅうしゃく》や訳文を参考にして文章を理解するようにしましょう。

27 古文を読むためのポイントは？

本文77ページ

1 イ

2 呼子鳥のまた鳴くよ（9字）

〔現代語訳〕**1** （源《みなもとの》）頼義《よりよし》の家来に、近江《おうみ》の国の住人、日置《ひおき》の九郎《くろう》という者がいる。（九郎は）馬や、よろいなどの武具のよそおいがきらびやかだ。頼義は（それを）見て機嫌《きげん》を悪くし、感心しない様子であり、お前は、必ず命を落とすだろう、早く（それらのきらびやかな武具などを）売り払《はら》ってしまいなさい、それも味方の陣《じん》には売ってはならない、敵方へ売りなさい（と言う）。九郎は恐縮《きょうしゅく》して、後日行われた戦で、また以前に劣《おと》らない贅《ぜい》を尽《つ》くした武具を身に着けている。着替《きが》えの代品であると言う。頼義は、やはり命を落とす格好である、売り払うべきである、絶対に身に着けるべきではないと（言う）。（九郎は）次の日には黒色のよろいで古いものを着ている。頼義からは、これこそ喜ばしく結構であるとお言葉がある。着飾《きかざ》ることに金銭を費やせば、家が貧しくなって、よい家来を召《め》し抱《かか》えることができる力がなくなり、それゆえ、敵に相対して滅《ほろ》びやすくなると、お言葉があったのである。

2 鶴丸翁《つるまるおう》が知っている浪花《なにわ》の人が、石見《いわみ》の国に行ったときに、何だかは知らないけれども、周囲の梢《こずえ》で鳥がこぼこぼと鳴いた。（近くで）遊んでいた童《わらわ》が、老婆《ろうば》に、呼子鳥がまた鳴いているよと告げるのを、その浪花の人はいち早く聞きつけて、老婆《ろうば》に、「童が言っている呼子鳥というのは、今、梢でこぼこぼ鳴いている鳥のことか。」と尋《たず》ねたところ、「そのとおりである。」と（老婆は）答えた。「呼子鳥という名前は昔から書物にも見られたけれども、そうであると確かではないところを、今、童がこのように言ったのはこの辺りでは、常に（その鳥を呼子鳥と）言うことなのか。」と問うと、「珍《めずら》しいことをお尋ねなさることであるよ。この地域では童までもよく知っていて、（呼子鳥と）言うのだ。」と（老婆が）答えると、「それならばその今鳴く鳥の梢はどこにあるか。姿もよく見ておいて、友の旅の土産《みやげ》にも語りたい。」と（浪花の人は）頼《たの》んだのだった。

解説 **1** 直前に、――線部**ア**は「日置の九郎といふもの」、**イ**は「頼義」、**ウ**は「九郎」とあることに注目。**エ**は文脈から判断して、これまではきらびやかな武具を着けていた九郎が、黒いよろいで古いものを着るようになったことを捉《とら》えましょう。次の文で、頼義がその様子を見て喜ばしいと発言していることからも判断できます。よって、**イ**だけは主語が異なります。

2 「～と」「～とて」「～と言ふ」などの言葉に注目して探しましょう。二～三行目に「童が、老婆に」「～と告ぐる」とあることから、解答部分が童の言った言葉であるとわかります。

28 漢文を読むためのポイントは？ 本文79ページ

1 (1) **2143** (2) **15234** (3) **614235**

2 (1) 四 十ニシテ 而 不レ 惑ハ (2) **而**

3 (1) **亦説ばしからずや。** (2) **田を耕す者有り。**

4 **イ**

解説 **1** (1) レ点《れてん》は、下の一字からすぐ上に返ることを示します。

(2) 一《いち》・二点《にてん》は、下の字から、二字以上隔《へだ》てた上の字に返ることを示します。

(3) 上《じょう》・下点《げてん》は、一・二点を付けた部分を挟《はさ》んで、「上」から「下」に返ることを示します。それぞれ、返り点が付いていない箇所《かしょ》にも注意して、順序どおり読む練習をしましょう。

2 (1) 送り仮名《がな》は片仮名で漢字の右下に、返り点は漢字の左下に付けることを押《お》さえましょう。

(2) 置き字は、代表的な「而」「於」「于」「焉」などをまとめて覚えておきましょう。

3 (1) 「不」という助動詞や、「乎」という助詞は、書き下し文にするときは平仮名で書きます。

4 後半の「不可軽」が書き下し文と順序が異なることに注目しましょう。「可」「不」は助動詞なので、書き下し文にするときは平仮名表記にします。

29 漢詩を読むためのポイントは？ 本文81ページ

1 **五言絶句**

2 (1) **七言絶句** (2) **楼・州・流**

3 (1) **啼鳥を聞く** (2) **C**

解説 **1** 一句が五字で四行から成る詩は、「五言《ごごん》絶句《ぜっく》」といいます。

2 (1) 一句が七字で四行から成る詩は、「七言絶句《しちごんぜっく》」といいます。

(2) 七言詩では第一句と偶数句《ぐうすうく》の末尾《まつび》で押韻《おういん》する決まりです。

3 (1) 一・二点があることに注目しましょう。

(2) 絶句の構成は、それぞれ一行ずつが起《き》・承《しょう》・転《てん》・結《けつ》になっており、場面が大きく転じるのは第三句（転句）です。

実戦テスト4 （本文82～85ページ）

1 (1) ①**ように** ②**おいては** (2) **B** (3) **ア**
(4) 例 **蝸牛を高い所から落とせば、殻が砕ける**（18字）

2 (1) **無益のこと**
(2) 例 **枇杷を一房取って、皮をむいて高く差し出す**（20字）
(3) **エ**

3 **ア**

4 (1)擇ビテ二其ノ善ナル者ヲ一 (2)ウ

5 (1)絶句 (2)えんしょにとまる (3)(a)日暮 (b)第三句 (c)例 川の水面に映った月（9字） (d)ウ

〔現代語訳〕**1** あるとき、鷲《わし》が、「蝸牛《かたつむり》を食べたい」と思ったけれども、どうすればよいかを知らず、思い悩《なや》んでいるところに、烏《からす》がそばから進み出て申したところには、「この蝸牛を亡《な》きものにすることは、とてもたやすいことでございます。私が申すようになさったあと、私にその半分を与《あた》えてくだされば、お教えしましょう」と言う。鷲は同意して、その方法を問うたので、烏が申すには、「蝸牛を高いところからお落としになれば、その殻《から》は、たちまち砕《くだ》けるでしょう」と言う。ただちに、（烏の）教えのようにしたところ、烏の提案どおりに、たやすく（蝸牛の身を）取って、これを食べる。

　このように、たとえ権力があり身分が高い家柄《いえがら》の人であっても、自分の心の思うがままにせずに、知恵《ちえ》のある者の教えに従うべきである。その理由は、鷲と烏を比べると、その備えた能力は（鷲がはるかに）勝るものであるけれども、蝸牛を食べる方法においては、烏が最もこれをわかっている。物事に応じて、ことごとに人に問うべきである。

2 出勤のときは牛車《ぎっしゃ》の両側の物見窓に、（蜂《はち》が）ブンブンと乱れ飛んでいたのを「止まれ。」とおっしゃったところ、止まったのだった。世間では蜂《はち》飼《かい》の大臣《おとど》と言っていた。不思議な徳が、おありになる人である。

　この殿《との》が蜂をお飼いになるのを、世の中の人は無益なことだと言っていたところに、五月ごろ、鳥《と》羽《ば》院《いん》で、蜂の巣が急に落ちて、（鳥羽上皇の）目の前に飛び散ったので、人々は、刺《さ》されまいとして、逃《に》げ騒《さわ》いだところに、太政《だいじょう》大臣（宗輔《むねすけ》）が、（鳥羽上皇の）目の前にあった枇杷《びわ》の枝をひと房《ふさ》取って、琴爪《ことづめ》で（その実の）皮をむいて、（蜂に向けて）高く差し出したところ、ある限り（の蜂が枇杷に）取りついて、散らなかったので、供人《ともびと》を呼んで、そっとお渡《わた》しになったところ、鳥羽上皇は「折良く、宗輔がお仕えしていて（よかった）。」とおっしゃって、大変おほめになったということである。

4 先生がおっしゃるには、三人同じ道を行けば、必ず自分の師となる人がいるものだ。善い行いをする者を選んで従い、善くない行いをする者を見て自分の行いを改める。

解説 **1** (1)「やう（yau）」と母音が連続する場合は「よう（yô）」と読みます。(2)「ゐ」は「い」と読みます。

(2)直前に〰〰線部A・Cは「鷲」とあることに注目。Bは「烏、傍《かたわら》より進み出て申しけるは」に続いているので、烏が言ったことだとわかります。Dは文脈から判断して、烏に教わったことを受けての鷲の行動であることを捉《とら》えましょう。したがって、Bだけ主語が異なります。

(3)前の部分の「蝸牛を食べたい」という鷲の思いや、そのあとに烏から教わった内容を踏《ふ》まえて判断しましょう。

(4)烏の「蝸牛を高き所より落《おと》し給《たま》はば、その殻、忽《たち》ちに砕けなん」の部分を字数に合うようにまとめましょう。

2 (1)「この殿の蜂を飼ひ給ふを、世人、無益《むやく》のことといひける」とあることに注目しましょう。

(2)「枇杷を一房取りて、琴爪にて皮をむきて、さし上げられたりければ」の部分を、字数に合うようにまとめましょう。

(3)ア・ウは、宗輔の飼っている蜂のことではなく、鳥羽上皇の邸宅《ていたく》での出来事なので不適切。イは、家来たちに対処させたのではなく、宗輔自身が対処しているので不適切。思いがけない出来事でも、とっさに枇杷の実に蜂を集めて事なきを得たので、エが当てはまります。

3 ウと間違《まちが》えないように注意しましょう。「其《そ》の二を」を先に読むことを一・二点で指示している、アが適切です。

4 (2)――線部②は「善くない行いをする者を見て、自分の行いを改める。」という意味です。ウ

「他山の石」は「他人の言葉や行いは、たとえ誤っていたり価値がなかったりするものでも、自分を向上させるための参考になる。」という意味の故事成語なので、これが当てはまります。

5 (1)四句から成る漢詩のうち、一行が五字のものが五言絶句《ごごんぜっく》、七字のものが七言《しちごん》絶句です。

(2)一・二点が付いているので、「煙渚《えんしょ》に」を先に読みます。

(3)(a)第二句に注目しましょう。

(b)「内容が変化していて」とあることに注目。絶句で場面が転換《てんかん》するのは、第三句（転句）です。

(c)口語訳も参考にして、字数に合うようにまとめましょう。

(d)ひかるさんとゆうきさんの会話も参考にして考えましょう。最初は「作者は故郷を離《はな》れて孤独《こどく》を感じている」が、第三句の転句からは内容が変化しており、月を「自分に近いと表現している」と述べています。

30 資料を読んで考えを書こう！① 本文89ページ

■ 例 Aでは「一緒に帰ります」と肯定の意味で、Bでは「お皿を下げないでほしい」と否定の意味で「いいです」を使っている。しかし、答えた人の意図とは反対の意味で受け取られる結果となった。

「いいです」はこの二つの場面のように、はい・いいえのどちらにも受け取られる可能性があるため、もっと明確な答え方をする必要がある。「一緒に帰りましょう。」「まだ下げないでください。」と付け加えるとよいと思う。

解説 条件が提示されている場合、それに厳密に従う必要があります。条件(1)の「題名を書かないこと」については、ほとんどの作文で題名や氏名を入れることはないので、しっかり頭に入れておきましょう。条件(2)の「二段落構成」と、各段落の内容の指示は、きちんと守る必要があります。第一段落では資料について気づいたこと、第二段落では第一段落を踏《ふ》まえて自分の意見を書くことという条件を満たしているか、確認しましょう。書く前に、箇条《かじょう》書きで各段落に書くことをメモしておくとよいでしょう。条件(3)の字数についても、必ず百五十字以上書くことが最低条件です。提示された条件を満たしたうえで、表現や表記に誤りがないようにすると、高い得点を得ることができます。

31 資料を読んで考えを書こう！② 本文91ページ

■ 例 資料①からは、高校生はルールを決めていない家庭が多いことが、資料②からは、家庭内で決めたルールのうち利用時間に関するものが最も多く、七割以上であることがわかる。

私の家では、インターネットの利用は一日二時間と決められているが、それより多く使ってしまうこともある。使いすぎを防ぐには子どもが決まりを守る意識をもつことに加え、親にも厳しく管理してもらうことが必要だと考える。

解説 注意(1)の、第一段落では資料から読み取ったことを書くこと、第二段落では第一段落の内容に関連した自分の体験（見聞きしたことも含《ふく》む）を踏《ふ》まえて考えを書くこと、という条件を守っているかを確認しましょう。注意(2)の指定の文字数を守っているかや、注意(3)の原稿《げんこう》用紙の使い方や表記のしかたに誤りはないかについても、しっかりと確認することが大切です。書き終わったら、主語・述語のねじれがないかや、言葉の使い方に間違《まちが》いがないかについても確認するようにしましょう。

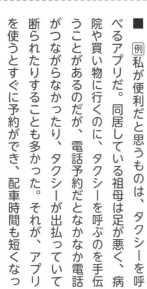

32 テーマについての考えを書こう！ 本文93ページ

■ 例 私が便利だと思うものは、タクシーを呼べるアプリだ。同居している祖母は足が悪く、病院や買い物に行くのに、タクシーを呼ぶのを手伝うことがあるのだが、電話予約だとなかなか電話がつながらなかったり、タクシーが出払っていて断られたりすることも多かった。それが、アプリを使うとすぐに予約ができ、配車時間も短くなった。

私は、世の中が便利になることはよいことだと考える。タクシーの予約のように、時間や手間がかかっていたことが楽に行えれば、その分の負担が減るからだ。大切なのは、何でも時間や手間をなくせばよいと考えるのではなく、多くの人が不便だと感じていることが改善されるように工夫することだと思う。

解説 この問題には資料の提示がないため、自分で具体例を挙げる必要があります。第一段落で挙げる、「世の中にあって便利だと思っているもの」については、自分の体験や見聞きしたことのうち、第二段落で自分の意見に結び付けやすい例を出すようにしましょう。第二段落では、第一段落の内容を踏《ふ》まえて、「世の中が便利になること」についての自分の考えを明確に示すようにします。例のように、最初にどう思うかを挙げ、その後で理由を述べるようにすると、読みやすい文章になります。

実戦テスト5（本文94～95ページ）

1 例 私は、花子さんの意見のように、文化や言葉が違っても、相手の思いや考えを理解しようとする力は大切だと考える。

日本で暮らす外国の人たちも増えているというし、実際に私のクラスメートにも、外国から移住してきた人や、両親のどちらかが外国の人だという人もいる。文化や言葉が異なると感じ方や発想が異なることもあるのだなと感じることもあった。しかし、わかり合えないとあきらめずに、相手がどう考えているのかを聞いてみることで理解できた。この経験から、相手の思いを知ろうとする力は大切だと思うようになった。

2 例 「美しい」と感じる日本語の第一位「思いやりのある言葉」からは、相手に配慮することを大切に感じている人が多いことがわかる。第二位から四位までの「挨拶の言葉」「季節の移り変わりを表す言葉」「控えめで謙遜な言葉」からは、日本語の独特な表現を「美しい」と感じている人も多いことがわかる。

私も、「思いやりのある言葉」や「控えめで謙遜な言葉」は美しいと感じる。なぜなら、それらは日本で昔から使われてきた、相手のことを配慮した言葉遣いだからだ。互いに思いやりの気持ちをもって言葉を発したら、互いに傷つけ合ったり衝突したりすることはなくなると思う。皆が気持ちよく過ごすことができる美しい言葉遣いを大切にしたい。

3 例 私がこれまで最も影響を受けた人物は、個人塾で英語を教えてくれている先生だ。私は自分の考えや気持ちを表現することが不得意で、そのせいか、はっきりとした意思表示が必要な英語に苦手意識があったので、マンツーマン指導の塾に通うことにした。

先生が、英語の歴史を交えながら、自分の考えや意思を明確にすることの大切さを教えてくださり、英語だと「I」という主語を必ず入れる必要があることからも、「私」がどうしたいのかを意識するようになった。最近では、日本語でも「私は」と意見を述べることに抵抗がなくなった。

解説 1 条件1に「花子さんの意見を踏《ふ》まえて」とあるので、まず、最初の段落では、花子さんの意見に対して自分がどう考えるかを示すとよいでしょう。次の段落では、その意見の根拠《こんきょ》となる自分の体験や具体例を挙げるようにしましょう。

2 段落構成についての条件（指示）はありませんが、二段落構成にするとよいでしょう。まず、最初の段落では「資料からわかること」を挙げ、次の段落ではそれを参考にして自分なりに「美しさを感じる言葉」とはどのようなものかをまとめるようにしましょう。字数指定に「最低何字で書く」という条件が入っていない場合には、指定字数の八割程度は書くようにします。ここでは「三百字以内」という指定なので、二百四十字以上は書きましょう。

3 まず、最初の段落では「今までに影響《えいきょう》を受けた人物や物事」について、どんな人物や物事かがわかるように挙げ、次の段落では「その影響によって自分がどう変化したのか」がわかるようにまとめるとよいでしょう。

模擬試験①（本文98〜101ページ）

1

(1) ⓐいっしょ ⓑあみ ⓒ胸 ⓓ割 ⓔ背筋

(2) C (3) イ (4) ア

(5) X 楽しい Y 生き物

(6) ドゥウウ (7) 未来

解説 (2) C「その」は体言（名詞）および体言を含《ふく》む文節を修飾《しゅうしょく》する連体詞です。A「長い」は形容詞「長い」の連体形、B「小柄《こがら》な」は形容動詞「小柄だ」の連体形、D「全く」は副詞です。

(4) ——線部①に続く部分で描《えが》かれている子どもたちの様子や会話に注目しましょう。「きらきら」や「にゅーっと」「ぬるっと」などは様子を表す「擬態語《ぎたいご》」、「わあっ」や「きゃっきゃっ」は音や声を表す「擬声語」です。

(5) 下段10行目の「おやじが、川で……と言った」に注目し、駆《かける》の思いを捉《とら》えます。

(6) 場面の転換《てんかん》を捉《とら》えるめやすには、時間の推移や出来事の変化などがあります。ここでは、それまで「鯉《こい》くみ」の描写《びょうしゃ》が中心であったのが、「ドゥウウ、と地面が揺《ゆ》れた」ことによって新たな出来事が起こったところが場面の転換《てんかん》になっています。

(7) ——線部②の直前の「ぼくはどこまで遠くにいけるんだろう」には、駆が自分の今後について思い巡《めぐ》らしている様子が表れています。また、——線部②の7行前で、この島のことを「宇宙と未来につながる島」と言っている点にも注意しましょう。

2

(1) ⓐかがや ⓑのうり ⓒせんめい ⓓ似 ⓔ冷静

(2) ウ (3) A 月 B 太陽（夕日）

(4) C 白 D 赤（順不同）

(5) 光景そのものが持つ客観的な美

(6) 例 日本文学の伝統の中で最も重要なものとされる「月」と「日」によって、堂々とした左右対称の光景が描き出せるから。

解説 (2) 「想像」とウ「開場」は、「像を想《おも》う」、「場を開く」と上の漢字が動作、下の漢字が動作の目的・対象を表す組み合わせです。

(3) 「菜の花や」の句の内容と照らし合わせましょう。「月は東に日は西に」とあります。

(4) 「黄」は「菜の花」の色です。前の段落の「白く丸い月で、それが赤々と燃えるような夕日に対置されて」に注目しましょう。

(6) ——線部②を含《ふく》む段落から、「月」と「日」が「日本文学の伝統の中」で「最も重要なもの」として認知されてきたこと、対比させることにより「堂々とした左右対称《たいしょう》の光景が描き出せる」ことを押《お》さえてまとめましょう。

3

(1) 不ルレ知ラ二其ノ善キヲ一也

(2) 足らざるを知りて (3) エ

〔現代語訳〕おいしいごちそうがあっても、食べなければその（ごちそうが）うまいということがわからない。すぐれた教えがあっても、学ばなければそのよさはわからない。だから、（私たちは実際に学んでみてその後に（はじめて自分の学問が）十分ではないことがわかるし、教えてみてその後に（はじめて自分の学問が十分ではないために人に教えることが難しいと知って）苦しむのである。（自分の学問が）十分でないことを知って後に、私たちは自分を反省することができる。（教えることの難しさに）苦しむ経験をして、その後に自分で勉学に努めるようになる。だから、このように言われている、「教えることと学ぶこととは、ともに助けとなって学問を進めるものである」と。

解説 (1) 「其→善→知→ざる（不る）→なり（也）」の順なので、「善」から「知」に返るには一・二点を使います。さらに「知」から「不（ざる）」に返るためにレ点を使います。

(3) ——線部②に続く部分に「困《くる》しむを知りて、然《しか》る後に能く自ら強《つと》むるなり。」とあります。教えることの難しさを知って勉学に努めるようになる＝自分の学問が十分ではないことを悟ったという意味です。

模擬試験②（本文102～105ページ）

1

①こうしょう　②けんめい　③いじ
④かか　⑤たずさ
⑥綿密　⑦操縦　⑧複雑
⑨委　⑩唱

2

(1)然　(2)ウ
(3)A 言語化されていない知
B 言語化され、マニュアル化された明示的な知
(4)ウ　(5)エ
(6)Ⅰ 型
Ⅱ 例 特別な才能を持たない人でも、才能とセンスのある人間が獲得した暗黙知に近づくことができる点。
(7)イ
(8)例 暗黙知を型として共有したうえで、状況の変化に対応してそれを修正し続けること。（38字）

解説 (2)「ことである」の「で」は断定の助動詞「だ」の連用形です。「ことだ」と終止形にしても意味が通じるのが断定の助動詞で、ウも「高校生だ」と言い換《か》えられます。
(3)A 第二段落で「暗黙知《あんもく》とは」と定義しています。　B 第二段落で「暗黙知」の定義に続けて示しています。
(4)――線部①を含《ふく》む段落の次の段落に、「このやり方」は「学習者の意欲や能力に依存《いぞん》する面が大き」く、「安定した運用が望みにくい」とあります。また、組織においては暗黙知をチームで共有して「システムとしてスピード感をもって」運用する必要があるとも言っていますが、徒弟制ではチームで「スピード感をもって」技を受けつぐことは難しいといえます。
(7)「型」について、「間違《まちが》っていればそれは非効率なものとなる」「型もつねに改良を加える必要がある」と、それまで説明してきたこととは別の面をスキーやテニスのフォーム（型）を例に挙げて説明しています。続く段落では、イノベーションを求められる現代社会に対応して「型」を修正していくことの必要性を訴《うった》えています。つまり、続く段落で示す主張の、根拠《こんきょ》となることを説明しているのが◆の段落といえます。
(8)冒頭で現代社会の「知的な活動の中で注目されているのが、暗黙知を形にしていくことである。」と話題を提示し、それについて論じているのがこの文章です。最後の二段落の内容を押《お》さえてまとめましょう。

3

(1)係り結び　(2)ⓐよう　ⓑあわれに
(3)ウ　(4)イ　(5)③イ　④エ

〔現代語訳〕九月の頃《ころ》一晩中降り続いて（夜明けを迎《むか》えた）雨が、今朝はやんで、朝日がとても鮮《あざ》やかに差し始めた時に、庭先に植えた草木の露《つゆ》がこぼれるほど濡《ぬ》れかかっているのも、たいへんおもしろい。透垣《すいがい》の羅文《らもん》や、軒《のき》の上などはかかっている蜘蛛《くも》の巣の切れ残っているところに、雨が降りかかったのが、まるで白い玉を貫《つらぬ》き通してあるようなのは、たいへんしみじみとした感じでおもしろい。
少し日が高く昇《のぼ》ってしまうと、萩《はぎ》などが（露が付いて）ひどく重たそうな様子であるのに、（その）露が落ちると、枝が少し動いて、人も手を触《ふ》れないのに、さっと上の方へはね上がったのも、たいへんおもしろい。と（私が）言っているいろいろなことが、他の人の気持ちとしては少しもおもしろくないだろうと思うのが、またおもしろい。

解説 (2)ⓐ古文では「au」は「ô」と読むため、「やう」→「yau」→「yô」→「よう」となります。
ⓑ語頭以外の「は・ひ・ふ・へ・ほ」は「わ・い・う・え・お」と読みます。
(4)――線部②の直前に、「蜘蛛《くも》の巣のこぼれ残りたるに、雨のかかりたるが」とあります。蜘蛛の糸に付いている雨の水滴《すいてき》を「白き玉」と表現しています。

漢字の確認

本文106ページ

1

(1)いとな (2)し (3)いこ (4)にご (5)ととの
(6)よい (7)ふく (8)ひき (9)はか (10)すた
(11)ふ (12)なぐさ (13)かがや (14)あ (15)めぐ
(16)するど (17)つくろ (18)た (19)と (20)のぼ
(21)おろ (22)まね (23)いど (24)もよお (25)ほこ
(26)ゆる (27)なら (28)むら (29)うなが (30)すこ
(31)たび (32)おさ (33)えり (34)いちじる
(35)おび (36)やわ (37)くわだ (38)みちび
(39)めずら (40)おだ (41)かた (42)しぼ (43)はら
(44)きざ (45)ともな (46)ひた (47)かたよ
(48)おそ (49)と (50)きそ (51)こ (52)かざ
(53)まかな (54)う (55)はか (56)あざ (57)ほどこ
(58)かえり (59)たずさ (60)ほころ (61)す
(62)つつし (63)はず (64)なめ (65)ひそ (66)す
(67)ぬ (68)おごそ (69)たたみ (70)おこた (71)お
(72)すみ (73)まぎ (74)すす (75)うるお (76)さと
(77)お

2

(1)よくよう (2)ひろう (3)しょうあく
(4)あいまい (5)まんきつ (6)ほうそう
(7)けいしゃ (8)こぶ (9)よか (10)おうせい
(11)ゆうきゅう (12)げきれい (13)じゅうなん
(14)はんぷ (15)りゅうき (16)ひんぱん
(17)きんこう (18)もうら (19)かもく
(20)きんせん (21)けいさい (22)とうすい
(23)とうじょう (24)えんがわ (25)けんきょ
(26)じんそく (27)めんみつ (28)ぞうり
(29)びんわん (30)とうしゅう (31)しゅぎょく
(32)のうり (33)ちんれつ (34)ゆうち
(35)いしょう (36)ごうか (37)すいこう
(38)きてき (39)せいりょう (40)しょうさい
(41)おんけい (42)せきべつ (43)あいしょう
(44)せんせい (45)めいわく (46)せんぞく
(47)きろ (48)せんりつ (49)はんも
(50)そうかい (51)きょうたん (52)きょうきゅう
(53)ふへんてき (54)そんちょう (55)きみょう
(56)たいこ (57)かくとく (58)だっこく
(59)かっとう (60)きんこう (61)もほう
(62)りんかく (63)いしょく (64)すいみん
(65)きせい (66)せいじゃく (67)みゃくらく
(68)けはい (69)ぞうてい (70)きはく
(71)おおうなばら (72)きいん (73)たんねん
(74)きせき (75)だんぜん (76)ゆくえ
(77)おうとつ (78)きょだく (79)といき

3

(1)残 (2)拝 (3)暮 (4)欠 (5)幕 (6)危 (7)借
(8)乗 (9)負 (10)養 (11)投 (12)険 (13)粉 (14)蒸
(15)耕 (16)散 (17)続 (18)飼 (19)施 (20)直 (21)断
(22)預 (23)支 (24)試 (25)縮 (26)築 (27)巣 (28)拾
(29)豊 (30)誤 (31)演 (32)訪 (33)針 (34)保 (35)起
(36)頂 (37)介 (38)染 (39)秒 (40)招 (41)遣 (42)帰
(43)額 (44)勢 (45)速 (46)似 (47)補 (48)足 (49)群
(50)届 (51)働 (52)寄 (53)敬 (54)姿 (55)省 (56)慣
(57)破 (58)委 (59)逆 (60)腹 (61)操 (62)幼 (63)細
(64)急 (65)導 (66)照 (67)著 (68)眺 (69)吸 (70)謝
(71)鳴 (72)富 (73)枝 (74)札 (75)貸 (76)察 (77)浴

4

(1)設営 (2)楽器 (3)迷路 (4)衛星 (5)功績
(6)責任 (7)推測 (8)熟練 (9)接客 (10)出費
(11)職務 (12)白熱 (13)忠誠 (14)地域 (15)判断
(16)厳密 (17)教養 (18)往復 (19)清潔 (20)意向
(21)筋骨 (22)貯蔵 (23)仏閣 (24)根幹 (25)興奮
(26)利害 (27)寒暖 (28)健康 (29)鉱脈 (30)輸送
(31)救急 (32)航海 (33)順序 (34)計画 (35)漁港
(36)察知 (37)視野 (38)複雑 (39)永遠 (40)頭角
(41)配達 (42)巻末 (43)敬意 (44)打破 (45)背筋
(46)批判 (47)招待 (48)宇宙 (49)経済 (50)拡散
(51)便乗 (52)倉庫 (53)容易 (54)単純 (55)郷里
(56)結束 (57)遺産 (58)警備 (59)貴重 (60)球根
(61)権限 (62)談笑 (63)季節 (64)統計 (65)規制
(66)大勢 (67)政策 (68)美辞 (69)痛快 (70)沿岸
(71)改革 (72)操縦 (73)推移 (74)宿舎 (75)増減
(76)風潮 (77)模型 (78)臨時 (79)経過

5

(1)保証 (2)保障 (3)補償 (4)対象 (5)対称
(6)対照 (7)追求 (8)追究 (9)追及 (10)一堂
(11)一同 (12)感心 (13)関心 (14)寒心 (15)平行
(16)並行 (17)平衡 (18)開放 (19)解放

6

(1)供 (2)備 (3)努 (4)務 (5)勤 (6)治 (7)収
(8)修 (9)納 (10)写 (11)映 (12)移 (13)負 (14)追
(15)乾 (16)渇 (17)表 (18)現 (19)著